FONDARE UN'AZIENDA È UN'IDEA DEL C***O

Illustrazioni
Tiziana Salvini

Art direction: Stefano Rossetti / PEPE *nymi*

Coordinamento editoriale
Irene Milazzo / PEPE *nymi*

Progetto grafico e impaginazione
Davide Canesi / PEPE *nymi*

ISBN: 978-88-309-0479-8
Prima edizione: febbraio 2025

Lorenzo Ferrari

FONDARE UN'AZIENDA È UN'IDEA DEL C***O

SOPRATTUTTO SE NEL BUSINESS PLAN SI DIMENTICANO LE EMOZIONI

CAIRO

Sommario

01

Siamo tutti imprenditori. O forse no

Sfatiamo i falsi miti sull'imprenditoria: chi è realmente e chi può essere un imprenditore

*

Sai, quando ho deciso di aprire la mia azienda sono stato catapultato fin da subito in una mischia di pregiudizi, di falsi miti, di dicerie e di invidie che riguardano troppo spesso il mondo dell'imprenditoria. Mi riferisco, ad esempio, alla convinzione (sbagliata) che essere un imprenditore o un'imprenditrice significhi fare sostanzialmente i soldi e vivere una vita felice e spensierata, o al pensiero che questo mestiere consista solo nello sfruttare le persone e arricchirsi grazie al loro impegno.

Che si tratti di racconti positivi o negativi, non importa. Ciò che desidero fare in questo libro è raccontarti soltanto la verità di cosa significa veramente avviare un'impresa e convivere con essa quando da lavoro si trasforma in vita. La tua.

Ma partiamo dall'inizio. Probabilmente il fatto di essermi catapultato immediatamente in quella mischia è accaduto perché in Italia i giovani come me, che si prendono l'onere di fondare un'impresa, costituiscono ormai un'eccezione. O ancora peggio, perché, a causa dell'età, abbiamo paradossalmente molto di più da dimostrare rispetto agli altri. Dopotutto un ragazzo, appena fresco di laurea, cosa vuoi che ne sappia di impresa?

Di recente ho letto uno studio condotto da Unioncamere i cui dati testimoniano come le imprese di giovani stiano diminuendo, mentre quelle guidate da persone più adulte stiano invece aumentando. Il tessuto imprenditoriale italiano sta invecchiando senza impegnarsi, come dovrebbe, nella costruzione di prospettive solide per le nuove generazioni di imprenditori.

In tutto ciò però devo dire che almeno una diceria veritiera c'è: nessuno, compreso lo Stato, ti mette realmente nelle condizioni di avviare un'attività con serenità o per lo meno con qualche incentivo concreto. E sì, sto parlando proprio di tasse e costi, tutt'altro che banali.

Come se non bastasse, poi, in Italia rimane molto diffusa tra alcune persone l'idea che gli imprenditori siano coloro che approfitterebbero del proprio ruolo privilegiato per ricavarne un puro vantaggio economico ai danni dei lavoratori, anche se questo ruolo privilegiato non ho ancora capito esattamente quale sia. O che diventare imprenditori oggi sia particolarmente facile, quasi un gioco da ragazzi, sempre che non si tenga conto del fatto che buona parte delle aziende in Italia fallisce nei primi anni per mancanza di fondi, idee concretamente sostenibili o visione a lungo termine. Tutte queste credenze distorte non fanno altro che ostacolare una narrazione reale e quindi anche positiva sugli imprenditori bravi, onesti e responsabili, di cui non si parla abbastanza.

Alla fatica generata dal dover continuamente districarsi

tra chi dubita del nostro reale valore professionale e chi ci subissa di aspettative, si aggiunge il pregiudizio legato in generale all'universo dell'imprenditoria che potremmo definire 2.0: quella del mondo digitale di cui faccio parte.

A pensarci bene, gli imprenditori digitali rappresentano una delle categorie più ostacolate in assoluto da visioni distorte, colpa anche di tutti quei fuffaguru che vivono a Dubai e di quegli influencer che capitalizzano la propria visibilità, molto spesso immeritata, lanciandosi nell'imprenditoria.

Nel nostro Paese purtroppo manca completamente la cultura di questo mondo, continuiamo a parlare di pizza napoletana, di taralli e pistacchio di Bronte, di artigiani e piccoli commercianti ma per quanto tutto ciò vada preservato e valorizzato perché patrimonio del Made in Italy bisogna riconoscere che l'imprenditoria non è soltanto questo. Siamo infatti un Paese che sforna menti brillanti e non è un caso se buona parte delle invenzioni che hanno cambiato il mondo sono nate proprio qui.

Sfortunatamente, nonostante le aziende siano ciò che genera la ricchezza di un territorio

non c'è una scuola per diventare imprenditori,

nessuno ti insegna come sviluppare una mentalità orientata al business o come affrontare in modo sano e consapevole questo mondo. Il retaggio antindustriale che aleggia in Italia, quindi, in fin dei conti è in buona parte causato da una visione passatista del fare impresa e da una marea di pregiudizi.

Per chi lavora principalmente vendendo servizi o, ancora peggio, vendendo la propria immagine e visibilità è perciò estremamente difficile dimostrare che si tratti di lavoro degno di essere chiamato tale. Anzi, forse il vero lavoro è proprio dimostrare che questo sia un vero lavoro.

A proposito, parliamo un attimo di influencer. In tanti ormai riescono a monetizzare la propria visibilità e fama attraverso la creazione di brand e aziende, ma spesso nelle persone comuni ed estranee a questo mondo si alimenta un immaginario distorto secondo il quale questi personaggi guadagnerebbero soldi a tradimento, oppure non facendo nulla di concreto. Per dirla in modo breve e conciso, quindi, fanno soldi cazzeggiando. E in alcuni casi è anche vero ma quando bisogna parlare di imprenditoria vera e propria e quando, invece, è imprenditoria solo per questioni di mera convenienza economica? Ecco, anche per questo è importante che ci sia una cultura del fare impresa: per saper fare le giuste distinzioni.

Buona parte della gente pensa ancora che, in fondo, fare l'imprenditore digitale sia un puro divertimento e non un mestiere reale.

A volte mi sembra quasi di rivivere i momenti in cui, da piccolo, andavo al ristorante con i miei genitori: io e gli altri della mia età ci sedevamo tutti insieme al tavolo dei bambini, e gli adulti a quello dei grandi.

Tutto questo accade probabilmente perché, a differenza delle aziende "classiche", il nostro contributo è di per sé intangibile: buona parte della nostra giornata lavorativa viene infatti scandita da telefonate – a volte tutt'altro che brevi – con partner, collaboratori o clienti, liste infinite di e-mail da smistare e altre cose molto noiose di cui magari parleremo meglio nelle prossime pagine. Per darti un'idea concreta di cosa intendo, più di una volta mi è capitato di avere una sfilza di meeting uno dietro l'altro e di stare complessivamente in chiamata per anche 6 ore: mentre mangiavo, mentre andavo in bagno, mentre uscivo a fare due passi, mentre ero in palestra, mentre guidavo e in tutto questo, come se non bastasse, dovevo anche interagire attivando e disattivando il microfono. Ti sembra poco? Allora prova a partecipare a una videocall dal telefono, magari mentre stai guidando e smadonnando nel traffico di una città come Milano e nel mentre devi pure dire cose intelligenti. Tutto il tempo e l'energia impiegati nel nostro lavoro sembrano difficili da quantificare e dimostrare concretamente e ciò offre a molte persone l'assist perfetto per criticare o mettere in discussione il reale senso di questo lavoro a discapito di una visione positiva delle nostre professioni.

Tante volte ho sentito il peso della giustificazione

e altrettante ho ricevuto domande inopportune in merito al mio mestiere e all'azienda che ho deciso di fondare a 23 anni. Sono sicuro di non essere l'unico che ha dovuto mordersi la lingua vedendo messo in discussione il proprio lavoro o sentendosi rivolgere frasi del tipo: "Ma quindi collezioni like o contratti?", "Ma fatturi o stai solo sui social?", "Ma non è il caso di passare meno tempo a scrivere post e più a lavorare?". Ah, e quest'ultima l'aveva detta un mio ex datore di lavoro per il quale ho svolto uno stage qualche anno fa, terminato perché dopo 6 mesi di lavoro non retribuito ancora non era convinto di darmi – almeno – un minimo rimborso spese.

Se quindi con questo libro riuscirò anche solo in parte a fare un po' di chiarezza e far ricredere qualcuno, ne sarò contento.

Ma tu, alla fine, che lavoro fai?

Se stai leggendo questo libro e ti stai domandando chi sia forse c'è bisogno di un po' di contesto. Se però credi di conoscermi già perché magari hai letto qualcosa di mio o su di me online sono certo che riuscirò a stupirti e a lasciarti con le prossime pagine qualcosa di prezioso, o quantomeno di utile.

Per me comunque la storia è andata più o meno così: già da quando avevo iniziato l'università non facevo altro che domandarmi cosa fare per prepararmi al mondo del lavoro che mi avrebbe atteso. Nel 2019 avevo appena terminato il primo anno ma avevo già iniziato a scrivere e pubblicare ogni giorno un post sul mio profilo personale di LinkedIn. Lo facevo proprio con l'idea e la speranza che potesse servire a spianarmi un po' la strada dal punto di vista lavorativo; così facendo, con il giusto tempo e una buona dose di fatica, energia e dedizione ho allargato la mia rete di conoscenze, di contatti e di interlocutori fino a diventare uno degli utenti più seguiti sulla piattaforma in Italia. Sarò sincero: all'inizio non capivo molto bene se ciò che stavo facendo mi sarebbe tornato utile, e non avevo per nulla chiaro il ritorno che avrebbe potuto avere, era solo un continuo condividere per il gusto di farlo – anche se alla base c'era l'intuizione che lì potesse esserci la mia buyer persona, ossia l'azienda da cui avrei potuto ricevere un'offerta. C'è voluto del tempo prima di comprendere che tutto quello che stavo facendo per semplice curiosità sarebbe diventato poi una passione e più avanti un vero e proprio lavoro.

Prima di LinkedIn postavo soltanto su Instagram, però mi sono accorto presto che il target non era quello giusto per raggiungere lo scopo desiderato. E poi usavo Instagram da quando avevo 15 anni, non aveva niente di nuovo o di particolare che potesse stupirmi più di tanto. È solamente quando ho cambiato piattaforma che ho allargato la cerchia di persone interessate a ciò che dicevo e che ho cominciato a chiedermi, a mia volta, come potessi usarla in modo intelligente.

La cosa divertente di tutto questo è che prima di

iniziare a produrre contenuti su LinkedIn, nei quali parlavo di marketing e comunicazione, non ne sapevo niente. Mi sono infatti appassionato scrivendo post e studiando per i miei esami dato che nel frattempo ero nel pieno del mio percorso universitario.

Ogni giorno quindi pubblicavo un contenuto in cui raccontavo argomenti vari che trovavo sui miei libri di studio o su siti e blog online, ma perché proprio ogni giorno? Perché era il modo più semplice per farmi conoscere tenendo conto delle probabilità che avevo di essere notato, le quali erano abbastanza basse partendo da zero. Pubblicavo tanto e in questo modo gli utenti che mi seguivano piano piano aumentavano e iniziavano a interagire con me sempre di più.

Alla fine il mio primo stage, svolto in un'agenzia di comunicazione, è arrivato proprio così e a quel punto ho capito che non mi sarei mai più fermato: studiavo, scrivevo contenuti e ogni volta che potevo coglievo opportunità per mettermi in gioco, come quella volta che sono entrato in un'associazione studentesca per mettere in pratica le mie competenze comunicative in ambito social e fare un po' di gavetta. Così collezionavo esperienze sul campo e imparavo facendo, seguendo un approccio alla vita "Learning by doing" che da sempre condivido e che ormai ho fatto mio in ogni azione che compio.

Con il passare del tempo, quindi, si sono cementificati in me un approccio e una mentalità focalizzati sulla crescita personale e professionale, che si sono poi tradotti in un sentimento di tipo imprenditoriale, ossia incentrato sull'intraprendenza.

Quello che avevo fatto fino a quel momento, ossia pubblicare contenuti, ai miei occhi appariva ormai insufficiente e mi chiedevo cos'altro potessi fare di più. Avevo fame, tanta curiosità e un forte desiderio di scoprire e mettermi costantemente in discussione fino a quando un giorno, durante un soggiorno a Francoforte con un mio caro amico, mi è venuta l'idea.

«Tu sai programmare, io so comunicare. Perché non facciamo qualcosa insieme?»

Era settembre e dopo qualche mese di lavoro sull'idea è nata smarTalks. Prima un progetto social, poi un progetto editoriale e, infine, un'azienda: una digital marketing agency, dedicata a diffondere la cultura del marketing e della comunicazione digitale, e a offrire ai propri clienti servizi mirati ad accrescere la loro presenza digitale.

A pochi mesi da quella frase ci siamo trovati chiusi in casa, costretti dalla pandemia, e quale momento migliore per dare vita a un nuovo spazio indipendente da coltivare e far crescere?

In questo modo potevo continuare a parlare di comunicazione e di marketing ma in modo non strettamente legato a me, anche per via del fatto che lo facevo dietro a quello che era a tutti gli effetti un brand con il suo linguaggio, il suo tono di voce e il suo stile. Solo che al posto della mia faccia c'era un logo.

Nella mia testa volevo dare vita a un luogo digitale in cui raccontare il mondo del *marketing* in modo sem-

“Se potessimo renderci conto prima del dolore e della sofferenza, di quanto vulnerabili saremo, delle sfide che dovremo affrontare o dell’imbarazzo e della vergogna che dovremo provare e potessimo conoscere la lista delle cose che andranno male, penso che nessuno di noi vorrebbe mai avviare un’impresa.”

Jensen Huang
Ceo di Nvidia

rispondendo alla domanda “Se magicamente Lei tornasse ad avere 30 anni nel 2023 cosa ne direbbe di avviare un’impresa?”

plice e accessibile attraverso uno stile colloquiale. Non a caso il nome contiene proprio la parola *talk*, che fa riferimento alle nuvolette dei dialoghi dei fumetti e che evoca proprio il tipo di stile che volevo adottare, senza intermediazioni e senza ostacoli per trasformare concetti complessi in pillole *smart* facili da capire. Tutto questo alla fine per cercare di acquisire un po' di esperienza su quel curriculum scarno e semivuoto.

A dirla tutta, anche se comunque le cose erano partite piuttosto bene in termini di interazioni, fino a ottobre 2020 il progetto era una semplice pagina social. Per portarlo a un livello superiore, quindi, un giorno di ottobre abbiamo deciso di dare al progetto anche un editoriale; abbiamo così sviluppato con le nostre competenze un sito web e deciso di aprire le porte ad altre persone: laureati, laureandi, professionisti e chiunque avesse voglia di contribuire alla nostra mission condividendo la propria passione. In poco tempo si è formato un gruppo di quasi 40 persone impegnate in diverse attività: c'era chi curava le partnership, chi scriveva articoli, chi gestiva i social, chi creava post, editor, autori... non ci mancava niente, solo un business model.

Fino a quel momento però non c'era stato alcun fine di vendita, solo quello di costruire una community di persone interessate a ciò che interessava anche a me. Nel mentre erano passati mesi; io mi ero laureato e avevo pure ottenuto un lavoro presso una grossa azienda per la quale curavo la comunicazione e il marketing, ma sapevo che quella situazione non poteva durare a lungo. Un giorno, quindi, mi sono trovato davanti a una scelta importante: dedicarmi totalmente al mio lavoro "principale", conscio che avrei abbandonato il progetto smarTalks per mancanza di tempo, o provare invece a concretizzare quel progetto e farlo fruttare al meglio?

Ricordo che per trovare una risposta abbastanza convincente per me stesso presi un foglio, lo divisi a metà e a destra scrissi i pro, a sinistra i contro. Avevo fatto troppi sacrifici per svilupparlo fino a quel momento, troppi per gettare la spugna! Fu in quel momento che presi la decisione di iniziare a fare sul serio, veramente.

A settembre 2021 poi ebbi l'occasione di partecipare a un TEDx co-organizzato dalla persona che poi è diventata la mia socia, Sara. A quel punto avevo già in testa il desiderio di fare in modo che smarTalks trovasse le ali giuste per volare come una vera e propria azienda. Lei, avendomi invitato, già sapeva chi fossi e apprezzava ciò che leggeva di me online, così le parlai con piena onestà della mia idea. Quel giorno accadde qualcosa di speciale, l'entusiasmo e la grinta evidentemente la pervasero al punto che mesi dopo si mostrò disponibile a essere coinvolta nello sviluppo del *business plan* per riuscire a dare finalmente forma all'azienda.

Bene… e ora? Finisce così?

Ovviamente no. Fino ad ora ti ho raccontato il mio percorso per farti conoscere qualcosa di me e spiegarti da dove sono partito, ma fino a qui l'azienda era ancora soltanto un'idea. Tra il dire e il fare ci sono voluti infatti parecchi mesi di gestazione prima di poterci sedere al cospetto di un notaio e firmare l'atto costitutivo!

In verità fondare un'impresa è di per sé una cosa abbastanza semplice e accessibile a tutti. Fino a qualche decina di anni fa era un'opportunità riservata a pochi, fattibile soltanto grazie ad agganci e conoscenze, ma oggi basta un capitale sociale, anche ridottissimo, una firma dal notaio e un'idea (anche poco) vincente e il gioco è fatto. Si firma e si costituisce l'azienda, fine.

Ma fondare un'impresa è una cosa ben diversa da "fare impresa" quotidianamente. È un po' come dire che per essere genitori non basta mettere al mondo i figli: sulla stessa lunghezza d'onda,

essere imprenditori significa impegnarsi costantemente per far crescere e camminare da sola quella creatura che abbiamo visto nascere.

Ogni giorno nascono startup ma i dati ci dicono che circa l'80% di esse fallisce in cinque anni. Ciò cosa significa? Che

non basta l'idea vincente per far sopravvivere e prosperare un'azienda appena nata, servono anche talenti, energie, entusiasmo, visione e un po' di incoscienza.

A questo si aggiunge la gestione del rischio imprenditoriale, un elemento spesso sottovalutato. Il rischio non è solo finanziario, è anche emotivo: ogni giorno metti in gioco non solo il tuo denaro, ma anche la tua anima.

I racconti che si fanno intorno al mito dell'imprenditore non contemplano mai abbastanza queste cose. Il dispendio di energia e di fatica o il senso di responsabilità che coinvolge ogni imprenditore fin dalle prime battute di avvio del lavoro sono la vera sfida. Anzi, dovrei dire fin dai primi momenti in cui si decide di concretizzare un'idea in un progetto di business poiché, in realtà, il lavoro inizia ancor prima che arrivino i primi clienti o i primi soldi. Per la stragrande maggioranza delle aziende, anche di quelle che oggi sono dei colossi, è stato così.

Al contrario, la vita dell'imprenditore è spesso narrata dal punto di vista dei privilegi e della sua presunta libertà di pensiero e d'azione rispetto ai dipendenti e ai collaboratori: come se non ci fossero obblighi o doveri a cui far fronte perché ovviamente, se il capo sei tu, chi detta le regole?

A questo si somma poi il fatto che i social sono pieni di immagini fuorvianti in merito ai "falsi" imprenditori di successo che si fanno fotografare in posti come Dubai al fianco di macchine costosissime o mentre sorseggiano un drink nella piscina sul rooftop di un hotel di lusso a cinque stelle. E se non fosse che è tutto noleggiato apposta per creare questo genere di contenuti sembrerebbe quasi credibile, a volte. Purtroppo però questi personaggi contribuiscono a divulgare un'immagine distorta, errata e fuorviante in merito al mondo dell'imprenditoria digitale, lucrando sull'ignoranza e sulla scarsa competenza del pubblico che li segue. Jeff Bezos, uno degli uomini più ricchi al mondo e fondatore di Amazon, in diverse interviste ha affermato di lavorare dalla mattina alla sera con una routine del tutto normale, mentre questi si possono permettere di rimanere a mollo in una piscina sul tetto di un grattacielo mentre fanno i soldi con il minimo sforzo. Povero Jeff! Evidentemente anche lui non ha ancora capito un cazzo di come funzionano le cose. Mica come questi, che fanno i big money senza neanche bisogno di una laurea o di esperienza nel campo, lavorando poche ore al giorno e poi magari promettendo pure di aiutarti ad avere una seconda entrata di qualche migliaio di euro, ovviamente senza sforzo. Il punto è che queste persone sono truffatori allo stato puro, denigratori di una cultura seria del fare impresa e veri artefici di un decadimento progressivo nella percezione diffusa.

I giovani sono forse quelli che da tutte queste false storie, miti e dicerie sono più colpiti e seguendo modelli malsani, o più semplicemente non realistici, crescono con il sogno del successo facile, della "bella vita", dei soldi guadagnati facilmente. E invece non c'è nulla di più falso.

Costruirsi una vita di successo, che sia online o offline, è relativamente semplice a parole ma la realtà dei fatti si mostra alquanto diversa. Ogni gradino del successo, quello vero intendo, se conquistato con onestà e correttezza si porta dietro sacrifici, rinunce e fatiche per riuscire in ciò che crediamo e che desideriamo con grande passione.

A volte sono necessari anni di fatica per raggiungere un successo che dura una manciata di minuti.

Io, ad esempio, per fare impresa ho dovuto rinunciare soprattutto a me stesso e lo sto ancora facendo. Ogni giorno è una rinuncia costante a qualcosa in funzione di qualcos'altro. A pensarci bene, a distanza di qualche anno, penso che in fin dei conti questo sia stato il mio più grande fallimento fino ad oggi: aver rinunciato alle relazioni più preziose per inseguire il mio sogno. Mi riferisco alle più banali e semplici amicizie che non ho avuto tempo e modo di coltivare, o a cui non ho attribuito la giusta importanza perché la mia attenzione era focalizzata su altro fino a quando non si sono affievolite al punto da diventare, in alcuni casi, irrecuperabili. Hai presente quando un rapporto con una persona va via via spegnendosi ogni giorno che passa e tu lo vedi, ma non ti senti in potere o nella condizione di cambiare la situazione e l'unica cosa che pensi di poter fare è lasciar perdere per evitare discussioni, ansie o sbattimenti? Ecco, sto parlando di quello.

A proposito, ricordo che un paio di anni fa avevo preparato addirittura una sorta di lista dei buoni propositi tra cui emergeva proprio la promessa che avrei dedicato maggiore impegno alle relazioni personali. Fu una delle rare volte in cui scrissi qualcosa mettendolo nero su bianco, a mano, sul mio taccuino che non uso mai: e quando scrivo su carta vuol dire che sto proprio male o che proprio la cosa è seria. Ecco i punti che avevo segnato:

- Godermi la mia famiglia;
- Fare qualcosa di buono;
- Ridere di più;
- Essere più felice;
- Passare meno tempo sui social;
- Viaggiare di più;
- Fare nuove amicizie e coltivare quelle che già ho;
- Dedicarmi del tempo;
- Dare importanza a ogni singolo momento.

Prova a indovinare alla fine com'è andata? Di tutto ciò che mi ero promesso di fare non ho rispettato niente, forse solo di fare qualche visita in più ai miei famigliari. Per il resto io sono figlio della società della performance, quindi ho accantonato tutto per dedicarmi alla mia crescita professionale e allo sviluppo dell'azienda. Detta in questo modo sembra che per me non ci sia altro al di fuori del lavoro ma in realtà non è esattamente così, o meglio, il problema vero è che il mio lavoro e la mia azienda coincidono con la mia passione e questo complica tutto notevolmente perché oltretutto spesso non fa percepire il peso delle rinunce, che emerge poi più avanti nel tempo.

E se a questo fossi arrivato più o meno inconsciamente per via del fatto che, fin da bambino, desideravo costruire qualcosa di grande? Ad esempio, ricordo perfettamente di quando in mezzo al salotto costruivo cose come una casetta o una nave con i tappetini puzzle, che incastravo tra loro nei modi più disparati, o quando con i Lego mi dilettavo a dare vita a qualsiasi forma tranne quelle suggerite sulle confezioni. Non mi bastava mai fare cose banali, semplici o suggerite: dovevo sempre creare qualcosa di mio e con l'azienda ho forse fatto lo stesso. Ho cercato di creare un valore che mi superasse ma per farlo mi sono messo in secondo piano e con me tutto ciò che mi riguarda: relazioni, amicizie, rapporti, famiglia, tempo libero. Tra le varie cose non ho neppure viaggiato come avrei voluto e non mi sono neanche concesso una vacanza vera, che mi consentisse di lasciare a casa i pensieri; non mi sono ritagliato tempo libero per tornare a suonare la chitarra, né per migliorare il mio spagnolo. Tutte promesse che non sono stato capace di mantenere. In compenso, ho peggiorato i miei stili di vita: ho iniziato a dormire poco, a rinunciare al tempo fuori dal lavoro, a inseguire altissime ambizioni che mi hanno poi spezzato il fiato in una continua maratona di cui non conosco il traguardo.

Ho scelto di essere imprenditore e per esserlo ho dovuto rinunciare ad altri percorsi interessanti o per alcuni versi più semplici, come la possibilità di fare carriera all'interno di una qualsiasi altra azienda, che era poi il mio desiderio prima di ritrovarmi nella situazione di dover scegliere cosa fare del progetto che avevo fondato, per gioco, durante gli anni dell'università.

Quindi, insomma, se mi chiedessero oggi «lo rifaresti?» probabilmente risponderei di no. D'altronde, la stessa risposta l'ha data anche Jensen Huang, il founder di Nvidia di cui ho citato alcune parole in apertura al libro, a chi gli chiedeva in diretta televisiva se avrebbe mai rifondato la sua stessa azienda.

Contribuire realmente a tenere in piedi un business sano e farlo senza evadere le tasse, cosa non da poco visto che in molti casi chi fa impresa ama pagarne meno del dovuto, prevede una serie di responsabilità, competenze ed esperienze acquisite che non si possono né copiare, né improvvisare.

Non basta una laurea in economia per costruire un bilancio previsionale basato su uno studio di fattibilità, così come non è sufficiente un master in management per scegliere e gestire efficacemente un team di persone diverse. All'inizio non si possiedono mai abbastanza competenze quando si tratta di assicurare una stabilità globale a ciò che si è messo in piedi.

> **Non ci si improvvisa imprenditori, a meno che non si voglia essere come delle meteore in cielo: sagome che brillano furiosamente, per poi sparire poco dopo.**

Siamo tutti imprenditori

Diciamoci la verità: chiunque può aprire la propria azienda, diventare dunque uno «startupper» e perché no, sfondare nel proprio settore e avere successo. Non è impossibile, ma attenzione a non farsi ingannare: il fatto che sia possibile non significa che tutti possano ambire a riuscirci e io stesso, che mi reputo un imprenditore qualunque che di successo imprenditoriale ne ha visto ancora ben poco, desidero partire proprio da questo punto. Dappertutto infatti vige il mantra che: «Ognuno di noi nella vita può essere ciò che vuole», possibilmente facendo tanti soldi, in poco tempo e senza troppa fatica. È la solita storia del famoso detto: «Se vuoi, puoi».

La democratizzazione sacrosanta delle competenze e dell'accesso a un mondo (quello dell'imprenditoria) che prima era per pochi ha contribuito a radicare nelle persone la convinzione che, in fondo, tutti possiamo essere imprenditori. Così come possiamo essere tutti *influencer* in un modo o nell'altro.

Da quando ho aperto la mia società ho cominciato inoltre a notare che se prima molti giovani alla domanda «Cosa vuoi fare da grande?" rispondevano con l'ambizione di fare i calciatori o gli influencer, oggi invece affermano di voler avviare un proprio business. In molti casi online.

Trovo che sia un fenomeno interessante da analizzare perché, con molta probabilità, si tratta di un desiderio che deriva dalla ricerca di una speranza e di un'aspettativa migliore, che il mercato del lavoro odierno non offre. Parlo ovviamente dei salari vergognosamente bassi a fronte di un costo della vita sempre più alto, ma anche della cultura spesso tossica del lavoro, che non coincide più con le esigenze delle persone. Ci sarebbe moltissimo da dire in merito. Un recente rapporto del Consiglio nazionale dei giovani, elaborato su dati Istat, afferma ad esempio che in Italia 4 giovani under 35 su 10 percepiscono uno stipendio mensile inferiore ai 1000 euro.

Certamente il soldo non è l'unica variabile, ma dietro alla scelta di diventare imprenditori sicuramente c'è anche la ricerca di quel successo economico che costantemente viene raccontato sui social, online e nei libri. Connessi a questo aspetto ci sono anche la falsa credenza che la vita dell'imprenditore sia sempre cool e tendenzialmente più agiata del "povero dipendente" e il desiderio di indipendenza, che altro non è alla fine che una vera e propria utopia in quanto si ricade nell'essere schiavi di sé stessi e del proprio lavoro.

Tutto ciò mostra una profonda mancanza di conoscenza sulle conseguenze reali del fare impresa e delle sfide e fatiche che comporta, di cui magari parlerò più avanti nel libro.

Senza dubbio oggi, rispetto a decenni fa, è vero che ognuno può aspirare a diventare ciò che vuole e questa è una cosa bellissima. Una vera rivoluzione, oserei dire, che si rivela quindi un'opportunità straordinaria per le nuove generazioni dato che fino a qualche decina di anni fa mio padre, o ancor prima mio nonno, non avrebbero potuto certo diventare quello che volevano con la stessa facilità con cui oggi posso tentare io di perseguire un sogno nel cassetto. D'altra parte,

tutta questa apparente facilità non rende il mestiere più accessibile.

Parlando con numerosi imprenditori di età superiore alla mia, che in alcuni casi posseggono oggi più aziende, ho constatato nei loro racconti che oggi rispetto al passato le condizioni di partenza sono spesso più sfavorevoli sotto alcuni punti di vista, soprattutto per i giovani come me. È un po' un paradosso, no? Ma allora come mai le aziende di successo che nascono oggi sono molte meno rispetto a prima degli anni Duemila? Da un lato ci sono molti più strumenti, dall'altro ci sono però tante mancanze.

Guardando al tessuto produttivo, l'Italia è da sempre un Paese di imprenditori ma oggi non è certo un Paese *per* imprenditori. Non c'è formazione adeguata per chi ha ambizioni del genere né reale sostegno per chi vuole iniziare, questo è il problema. In effetti è pieno di corsi di management, leadership o business planning ma non c'è niente per spiegare cosa sia l'imprenditoria, cosa significhi essere imprenditori o come diventarlo. Solitamente si inizia senza sapere minimamente quello che si verrà chiamati ad affrontare, quindi senza avere dei paracadute efficaci o un ecosistema incoraggiante attorno. Chi non è così fortunato da ereditare attività di famiglia e vuole creare da zero qualcosa che rispecchi i suoi desideri deve faticare moltissimo e non ci sono abbastanza racconti o testimonianze che possano rendere bene il concetto. Le centinaia di libri che raccontano i fallimenti di persone che hanno poi raggiunto il successo, che ti spiegano come fare le cose, che ti raccontano la sofferenza non servono a un cazzo, quasi sempre. Perché non parlano abbastanza di emozioni, ma non sono forse quelle a determinarci come persone e a incidere quindi sul business?

Penso fermamente che se prima di decidere di fondare un'azienda avessi trovato un libro, una voce, una persona o un'esperienza illuminante che mi avesse potuto dare la reale consapevolezza di cui avevo bisogno per entrare nel labirinto del *business*, forse mi sarei equipaggiato diversamente. O, quantomeno, mi sarei preparato psicologicamente ad affrontare ciò che avrei dovuto fronteggiare e che tutt'oggi vivo quotidianamente.

Questo perché

> **l'imprenditore è il pazzo che sceglie di saltare senza protezione, che vede quello che altri non vedono:**

è l'ultimo in tante cose, ad esempio a spegnere il computer e staccare, ma è il primo a metterci la faccia e – in casi sfortunati – a rimetterci personalmente, ad esempio rinunciando allo stipendio per pagare i suoi collaboratori.

L'imprenditore però non è solo questo, è anche chi trova il coraggio di fare scelte anticonvenzionali o fuori dagli schemi, non comprese da chi lo circonda, nei momenti sbagliati, sapendo di rischiare tanto o tutto.

Ammettere a sé stessi che «sarà dura» non prepara a nulla e non basta a essere pronti, così come non bastano i racconti e i film sui grandi imprenditori. Ciò che potrebbe veramente aiutare è un racconto sincero, aperto, realistico che non banalizzi la fatica, il sudore e il sacrificio, ma che al contrario faccia riflettere sul desiderio che ci spinge ogni giorno a fare quello che facciamo.

Il mio libro nasce proprio da questo: dal desiderio di raccontare con onestà cosa significa veramente fare impresa e che impatto ha avuto questo sulla mia vita. Ci sono arrivato dopo mesi e mesi di sofferenza, burnout, ansia, stress e qualche traguardo raggiunto, ma ciò che racconterò sarà simile al vissuto di tanti altri imprenditori con cui ho avuto modo di confrontarmi sinora.

Mi ricordo di uno di loro, in particolare, che leggendo alcuni stralci di una delle prime versioni di questo libro mi ha scritto un messaggio che ho salvato e custodisco ancora tra quelli importanti, dicendomi: «Caro, sono nelle tue stesse condizioni, ma ho 60 anni! Ci sono verità che hai avuto il coraggio di scrivere e raccontare, verità che non hanno età».

Ebbene, nel mio piccolo o grande che sia, vorrei poter testimoniare in queste pagine quello che tanti preferiscono tenere per sé e non raccontare mai, forse per vergogna o forse perché mostrare apertamente le difficoltà rende vulnerabili, e aprirsi, si sa, non è sempre semplice. Mostrarsi vulnerabili richiede tanto, tantissimo coraggio e a volte la cosa migliore che si può fare a cuor leggero è... non farlo.

Se quindi tu che hai letto fin qui hai o avrai mai il desiderio di fondare e avviare una tua azienda, o se sei già un'imprenditrice o imprenditore che non si sente del tutto appagato dal suo destino, o più semplicemente sei una persona curiosa che ha acquistato il libro per capire qualcosa in più di questo mondo, allora spero che le mie parole possano esserti utili per fare chiarezza, ma anche per sensibilizzare su piccole azioni da compiere per cercare di stare meglio e amare di più le nostre vite. Questo è un libro che parla di management, imprenditoria ed emozioni e vorrei prima di tutto trasmetterti le mie, che poi magari sono anche le tue o lo sono state in alcuni periodi di vita.

La verità è che gli imprenditori, o futuri tali, hanno i piedi nelle stesse scarpe. Per questo motivo e per molti altri mi calerò nella parte di uno sperimentatore (e non di un guru con la verità in mano) che con te farà esperienza dei volti più oscuri, ma anche più felici, di questo lavoro. Non sono qui a dare lezioni, non ne ho e non voglio inventarmi nulla di proposito. Il mio desiderio è condividere parte di un percorso che sto ancora seguendo: questa è l'istantanea di

> **un imprenditore giovane che tenta di fare impresa ogni giorno, con le sue debolezze, la sua vulnerabilità e le sue ambizioni.**

02

Ti hanno mentito: se ami ciò che fai lavorerai molto di più

La passione è potente ma è un'arma a doppio taglio: può spronarti o renderti succube del tuo lavoro

*

Quante volte ci hanno detto nella vita che «Se amiamo ciò che facciamo ci sembrerà di non lavorare neanche un solo giorno»? Ripensiamo con attenzione a questa frase. Dove sta il tranello? Fin dove arriva la passione e dove, invece, inizia la trappola?

Oggi i confini tra vita privata e vita lavorativa sono sempre più labili: appena svegli afferriamo dal comodino il cellulare e iniziamo in modo compulsivo a guardare le notifiche, mentre siamo sul water rispondiamo alle mail di lavoro arrivate nelle prime ore del mattino; al supermercato, in palestra, in metro continuiamo a rispondere a richieste e messaggi di lavoro. Non stacchiamo mai e siamo sempre operativi in ciò che dovremmo forse definire come il perfetto work-life imbalance: disequilibrio tra lavoro e vita. Cioè, quella incapacità di dare ordine e priorità alle proprie attività tanto da confondere continuamente il piano di vita personale con quello lavorativo. Nel marzo 2019, secondo uno studio americano pubblicato su Forbes, almeno un millennial su tre ammetteva di lavorare anche mentre era in bagno, il 63% rivelava di essere produttivo anche durante i giorni di malattia, il 70% di essere attivo anche nel weekend e il 39% lavorava mentre si trovava in vacanza. Dopo la pandemia da Covid19, le chiusure che abbiamo subito non hanno fatto altro che legarci ancora di più al lavoro e alla tecnologia. I *dispositivi sono sempre più integrati con i nostri corpi e le nostre vite e ci costringono a rimanere connessi con il mondo sempre, a ogni costo e a ogni orario. Ecco che quindi il lavoro, soprattutto quello autonomo, non ci abbandona mai.*

Anche nel cosiddetto "tempo libero" la vera libertà è un'utopia e quindi non trascuriamo la sfera mediatica, che riteniamo fondamentale per l'autoaffermazione.

Sui social network cerchiamo di non deludere le aspettative dei nostri follower e ci esponiamo con una quantità elevata di contenuti per non mancare l'obiettivo della popolarità o della semplice rilevanza, perché l'importante è almeno esserci. O farlo vedere.

Il cellulare, come l'ansia da prestazione, non ci lascia tregua ed ecco che il lavoro inizia a monopolizzare tutti i momenti della vita, anche quelli più intimi e privati dai quali dovrebbe rimanere escluso.

Non a caso si parla sempre più spesso di «alcolismo da lavoro» o di vero e proprio «burnout». I giovani – e i giovanissimi – sprofondano molto spesso in uno stato di perenne disagio perché non performano abbastanza o almeno non lo fanno con i successi sperati. Questo fenomeno riguarda purtroppo anche i più adulti che, al contrario di quello che si potrebbe credere, si rivelano altrettanto incapaci di creare situazioni di compromesso e di equilibrio.

L'identità della persona si sta dunque fondendo terribilmente con la professione e con l'attività pubblica portandoci ad auto-identificarci pericolosamente con il nostro lavoro. In Giappone esiste persino un termine preciso per identificare la morte per eccesso di lavoro e si stima che circa 200 persone muoiano ogni anno di Karoshi. *Questo può aiutarci a capire quanto possono diventare letali certe conseguenze, se non siamo allenati e pronti a riconoscere i segnali d'allarme di esistenze sempre più pervase da stress professionale e tecnologie.*

Quando mi sono messo a scrivere questo libro mi sono reso conto che anche a me è successo di sprofondare in uno stato di alcolismo professionale. Sono diventato un *workaholic* e se sto scrivendo è anche perché vorrei evitare a qualcun altro di diventarlo, o di passare ciò che ho passato io. A me, come a tanti altri, era stato detto che se avessi trovato il lavoro dei miei sogni non avrei faticato nemmeno un giorno ma, indovina un po'?, erano tutte cazzate. Tutte enormi cazzate, e io ci ho anche creduto.

Purtroppo ho capito veramente presto sulla mia pelle che non c'è nulla di più falso o che quantomeno non è così ovvio. Dicono «meglio tardi che mai», però forse sarebbe stato molto meglio prima. La verità?

Se fai il lavoro che ti appassiona avrai molte più seccature, molti più ostacoli da affrontare, molte più difficoltà

rispetto a coloro che ritengono il proprio lavoro un'attività puramente remunerativa. Significa più stress, più frustrazione e paradossalmente più impegno perché ti porta a essere critico e severo con te stesso e a cercare di superarti ogni volta.

Io stesso, che non ho nessuno a cui dover rendere conto e potrei decidere di lavorare quando e dove voglio e a volte pure di non lavorare, se non mi va, spesso me la vivo molto meno bene di quanto potrei perché la passione mi porta a pretendere troppo da me stesso e, di conseguenza, dagli altri. È molto difficile spiegare quanto sia stressante e bello allo stesso tempo fare il lavoro che ti piace e che ti appassiona. Certo, bisogna ammettere che se ami ciò che fai per guadagnarti da vivere la tua vita assume un significato diverso, più completo.

In effetti prova a pensarci un attimo: normalmente passiamo buona parte della nostra esistenza a lavorare, circa 8 ore al giorno in media. Questo significa che se finisci per odiare il tuo lavoro questa ingente quantità di tempo ti risulterà pesante o vuota, che forse è peggio. A questo punto odierai il tuo lavoro e di conseguenza buona parte della tua vita, ma se invece ami ciò che fai tutti gli sforzi, dal più insignificante a quello più ingente, assumeranno un senso e i piccoli o grandi risultati che otterrai avranno il sapore dei sogni realizzati.

Quando ho fondato smarTalks l'ho fatto per passione e difatti vivevo tutto come se fosse un lavoro dal primo giorno. Anche quando, oggettivamente, non lo era perché non ci guadagnavo una lira.

La mia era una passione sfrenata, che mi ha portato da subito a mettermi in competizione con me stesso per fare sempre di più e meglio.

Ricordi quando ho detto che creare ogni giorno contenuti non mi bastava più? Ecco.

La responsabilità e l'ansia da prestazione però in questi

casi aumentano, diventano una costante e si mescolano al lavoro quotidiano infiltrandosi inevitabilmente nelle pieghe di ogni attività e momento di vita. Diventa difficile persino riposarsi o godersi il weekend e io ne so qualcosa, dato che ci riesco sempre a fatica. È una lotta continua.

A ciò bisogna anche aggiungere il fatto che un imprenditore non riesce a compiere quasi nulla a cuor leggero, anzi, spesso non ci riesce perché ogni sua decisione o azione ha inevitabilmente un impatto sui propri collaboratori o dipendenti, sul business o sulle persone con cui si interfaccia, oltre che sulla sua stessa vita. Ti illustro uno scenario abbastanza comune, specialmente per chi è all'inizio, per farti capire cosa intendo: prova per un attimo a immaginare di scegliere una persona dopo svariati colloqui e di renderti conto, a un certo punto, che non è quella giusta perché non lavora come dovrebbe. Prima o poi, se la cosa non si risolve, ti troverai con una spiacevole situazione da gestire che potrebbe culminare con un allontanamento della persona dall'azienda e se pensi che questo possa avere ripercussioni soltanto su di lei ti sbagli di grosso. A parole sarebbe tutto semplicissimo: basta fare dei colloqui e trovarne una nuova che la sostituisca, giusto? Peccato che occorrano tempo, risorse, soldi e pure una gran dose di lucidità che potresti non avere in una situazione di urgenza o caos. A quel punto succede che, oltre a vivere male la decisione, potresti ritrovarti a dover sopperire al lavoro di questa persona con la conseguenza di dover riorganizzare le tue giornate, il tuo tempo, le tue priorità. Tutto questo senza poi contare stress e ansia che potrebbero toccare i massimi livelli e portarti a un esaurimento. Ho reso il concetto?

Queste cose, per chi abbia un'azienda, nei primi anni sono da tenere in conto e l'esempio che ti ho fatto è tratto proprio da una storia vera personale.

Nel mio caso, io non prendo a cuor leggero nemmeno il compito di dare un feedback ai miei collaboratori: se in molti casi l'imprenditore vecchio stampo - capo autoritario - se ne fregherebbe serenamente di relazionarsi in malo modo con un suo dipendente, io, invece, mi faccio un sacco di problemi e pippe mentali. Così, quando mi ritrovo nella malaugurata situazione di dover dire a qualcuno, chiaro e tondo, che *ha fatto un lavoro di merda* (nessuna offesa, capita spesso anche a me o ai migliori) sono così attento alle parole che uso e a come potrebbero essere interpretate che alla fine il rischio è che questa persona capisca tutto tranne il punto principale: ossia che ha fatto un lavoro di merda. In compenso potrebbe emergere un'incomprensione evitabile che creerebbe un problema che nulla ha a che vedere con il lavoro che ha svolto.

Tralasciando questo, a ogni modo la percezione esterna che le persone hanno sembra invece completamente contraria alla verità dei fatti e quindi la stragrande maggioranza delle persone a cui ho raccontato di aver reso la mia passione un vero e proprio lavoro pensa che sia tutto semplice e meraviglioso. A volte mi immagino un po' come Heidi, intento a saltellare qua e là spensierato e felice tra dei campi fioriti in una valle tra le montagne.

Spesso mi sono anche sentito dire frasi tipo: «Wow, sei veramente fortunato a fare il lavoro che ami» ma ogni volta che dico che non è proprio tutto rose e fiori percepisco una certa incredulità, come se stessi facendo il finto umile. Perché? È così difficile rendersi conto di quanto sia complicato e ansiogeno svolgere il lavoro che si ama o un lavoro che appassiona davvero? Se a tratti confesso che sia bellissimo, perché oggettivamente lo sarebbe anche, d'altra parte fare della propria passione un lavoro può rivelarsi molto totalizzante e se ci si costruisce attorno un vero e proprio *business* lo è ancor di più perché entrano in gioco dinamiche estremamente complesse.

Amare il proprio lavoro significa tante cose: a volte persino dimenticarci dell'orologio, di mangiare, di fare una passeggiata pur di portare a termine un'attività a cui teniamo particolarmente. Ho perso il conto dei giorni in cui non ho bevuto perché neanche mi rendevo conto del tempo che passava o in cui ho mangiato male a causa del fatto che trascorrevo quel tempo in un meeting, invece che con me stesso. Altre volte invece ci auto-imponiamo dei traguardi professionali che nessuno ci ha richiesto pur di sentirci adeguatamente realizzati, ma in effetti a chi dobbiamo rendere conto se non a noi stessi?

Amare significa quindi anche soffrire, stringere i denti quando gli altri intorno a noi se la godono o sono in completo relax, adattare calendari, impegni famigliari e vacanze a ritmi restrittivi e spesso soffocanti. In certi periodi non esistono domeniche buone, agosti spensierati o serate di puro divertimento.

Il lavoro si insinua ovunque e non ci sono più momenti veramente liberi. O meglio, mi sono accorto in questi anni che i momenti di pura libertà si riducono sempre di più e sta a ciascuno di noi riconquistarli ogni giorno.

E così mi è anche successo che quell'amore viscerale e pulsante verso ciò che avevo sempre voluto fare, a poco a poco, si è trasformato in una sorta di repulsione verso la bellezza del mio mestiere. I primi mesi li ho vissuti come un'improvvisa epifania, poi però ho capito che era uno stato d'animo ben più profondo: senza accorgermene stavo sprofondando in una gabbia da cui è difficile uscire. Alla fine mi ci sono rinchiuso, da solo.

Insomma,

> **fondare un'azienda è quindi molto semplice, nella teoria, ma prepararsi a farlo nella pratica non lo è assolutamente.**

Ad esempio, ricordo che i mesi prima della costituzione mi ero catapultato con quella che era la mia socia in ore e ore di lavoro estenuanti e senza fine per riuscire a redigere un *business plan* credibile che potesse racchiudere tutta la mia visione, presente e futura. In quello che era un documento asettico e inizialmente vuoto dovevamo fare lo sforzo di raccontare quello che sarebbe stato di lì a breve, immaginando un'azienda che ancora non esisteva in un orizzonte temporale da 3 a 5 anni. Il tutto senza neanche saper quantificare quali sarebbero state le ricadute delle nostre scelte e strategie. Se fatto seriamente, è uno sforzo mentale e creativo incredibilmente

Il lavoro,
se vissuto con passione
e senza consapevolezza,
può diventare
una gabbia.

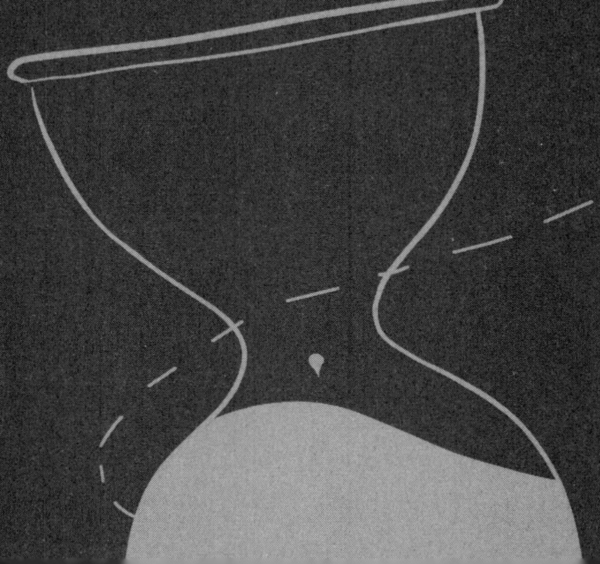

grande perché per preparare un *business plan* bisogna, in poche parole, immaginarsi il futuro che sarà con una certa dovizia di particolari (soprattutto economici) senza potersi appellare a nessun dato certo e consolidato. Significa ipotizzare di quali collaboratori ci sarà bisogno dopo 2 anni, per esempio, e pure quanto li si dovrà pagare. Il *business plan* è la primissima cosa a cui si deve pensare quando si decide di fondare un'azienda e corrisponde pertanto alla fase di *brainstorming* in cui si scrivono pensieri e si riempiono le pagine a cui poi si darà forma per creare una storia coerente e sensata. Ecco: quei mesi passati a scrivere il nostro mi avevano talmente assorbito che a un certo punto avevo addirittura perso la cognizione di quello che stavo provando a fare; tutto era così ipotetico e poco pratico che appariva quasi insensato, colpa anche di tutte le volte in cui in quel periodo mi sono ritrovato a spiegare agli altri che in realtà non stavo cazzeggiando ma costruendo qualcosa, peccato che quel qualcosa non aveva una forma e non esisteva. È stato veramente frustrante all'inizio, e ricordo tutte le discussioni con mia madre, alla quale cercavo di spiegare che stavo lavorando a tutti gli effetti. Ma alla fine ce l'abbiamo fatta e l'azienda è ufficialmente nata: da quel momento è cominciata la vera impresa e ho capito che la fase prima era solo un antipasto.

Una volta avvenuta la costituzione, quindi, ci siamo tuffati immediatamente nell'operatività del lavoro. Parola d'ordine? Crescere.

Dovevamo fare, acquisire, assumere, ideare, sviluppare, contattare clienti – ma prima ancora dovevamo trovarli, comunicare, ultimare il sito web... e pure pensare. Le cose da fare in un'azienda sono potenzialmente infinite, specialmente nei primi anni di vita. Tutto sta nel capirne il grado di importanza, urgenza e priorità.

All'inizio confesso che tutto mi sembrava sbalorditivo perché in fondo facevo ciò che più amavo: ero riuscito a trasformare in reale quello che avevo creato e su cui avevo già lavorato per ben due anni, che figata! Penso che trasformare un'idea in un modello di business sia una delle cose più soddisfacenti che ci siano se escludiamo tutte le questioni annesse. I progetti inoltre arrivavano e avevo pure la fortuna di conoscere persone sempre nuove andando a numerosi eventi, disegnavo strategie ambiziose per il futuro e la nostra community sui social cresceva di giorno in giorno. Azzardo a dire che per la prima volta nella vita, forse, ciò che stavo facendo non lo stavo facendo solo per passione ma anche per guadagnarmi da vivere.

Tutto era molto bello, eppure il tarlo del malessere aveva già iniziato a insidiarsi dentro di me, finché poi nei mesi successivi è lentamente sopraggiunto lo stress e con esso anche un senso di rigetto repentino e frustrante: non riuscivo più a lavorare serenamente perché mi sentivo continuamente stanco e disorientato, senza alcuna ispirazione o entusiasmo. Le mie giornate tipo ormai consistevano nel fare cose non urgenti e senza un apparente senso: era come essere in uno stato di scarsa produttività perenne, lo stesso che spesso vive chi lavora in un'azienda da cui aspetta soltanto di licenziarsi.

Quello che prima facevo con grande piacere e con costanza e dedizione quotidiana – come ad esempio realizzare i contenuti sulle novità o sulle iniziative di marketing che reputavo più interessanti da pubblicare sui social – a un tratto mi risultava faticoso e insormontabile e questo si ripercuoteva ovviamente anche su chi mi stava attorno. In quel momento capitava che provassi ad abbozzare due righe o una grafica ma poco dopo lasciavo perdere perché non ero mai soddisfatto del risultato, nulla mi sembrava adeguato al livello di qualità che avrei voluto raggiungere. Lo stesso valeva per altre mansioni, anche fare le offerte era diventato una fatica.

Svogliatamente rimandavo progetti che non riuscivo a portare a termine, nonostante passassi le mie giornate lavorando quasi senza sosta per convincermi di essere sufficientemente produttivo e appagare il senso di colpa che evidentemente mi pervadeva. Non accettavo di non riuscire a fare ciò che dovevo.

La mia creatività, inoltre, era soppressa da una costante ansia da prestazione e da persona ambiziosa (e un po' perfezionista) quale sono, cercavo di innalzare sempre di più la complessità degli obiettivi da raggiungere, volendo superare ogni volta i miei limiti in una corsa folle al miglioramento continuo.

Non riuscivo ad accontentarmi, a compiere un'azione senza il pensiero che avrei potuto farla meglio o diversamente, e ancora oggi è così. Quindi scandivo le mie giornate in questo modo: stando seduto per ore che parevano infinite, fissando lo schermo del pc e cercando di riempire ogni singolo minuto delle mie giornate estenuanti con attività che ritenevo indispensabili ma che nella realtà dei fatti non lo erano.

Fissavo call, inquinavo il mio calendario di piccoli *task* quotidiani per la paura di diventare da un momento all'altro meno performante, scrivevo e programmavo mail a futuri (o presunti?) clienti senza alcuna idea di priorità. In me stava crescendo un malessere fisico e mentale sempre più evidente e senza accorgermene mi stavo facendo divorare da pericolosi imperativi. Come se non bastasse non riuscivo a concludere granché e dormivo poco ma mi obbligavo comunque a lavorare fino a tarda sera. Stavo annullando ogni relazione con il mondo esterno, ma inconsciamente, lo facevo «per lavoro».

Ripetevo tra me e me che ero un imprenditore e quindi era normale lavorare a volte dalla mattina alla sera senza fermarmi, capita, sono cose da tenere in conto e a volte è anche vero, solo che dev'essere un'eccezione e non uno stile di vita. Io però dovevo produrre, fatturare e accontentare i clienti, crescere. Mi autoconvincevo che fosse normale.

Ma per cosa? Cosa stavo rincorrendo?

Ovviamente non lo facevo né per fama né per soldi: lo facevo per autodeterminazione e per accontentare i miei obiettivi personali, sempre più sfidanti.

Ero inconsciamente rinchiuso in una gabbia mentale che mi ero costruito da solo. Il lavoro che mi ero scelto e che avevo reso possibile con tanta energia, positività, grinta e ottimismo stava diventando per me una trappola e, a poco a poco, mi sono reso conto dell'inganno, della falsa credenza di cui ero vittima. Fondare un'azienda è ancor più tosta di quel che avevo pensato, mi dicevo; anzi, è proprio un'idea del cazzo.

Ti reca soddisfazione, certo, ma ti costringe ogni giorno a diventare sempre più responsabile, più attento, più scrupoloso. Per non parlare poi del fatto che in realtà la soddisfazione arriva in due momenti ben distinti: all'inizio, quando apri l'azienda e sei ancora inconsapevole di cosa ti aspetta, e qualche anno dopo, quando l'azienda diventa stabile e inizia a portarti le vere soddisfazioni. Sempre che sopravviva e che cresca, perché i dati ci dicono che non è affatto così scontato. Oltre ai momenti di gloria, però – comunque troppo pochi rispetto all'enorme impegno quotidiano e alle aspettative personali – ci sono infiniti altri momenti che nessuno mai racconterebbe in un libro ma che esistono e sono sempre presenti, solo che con l'esperienza e il tempo cambia il modo di affrontarli e gestirli. Mi riferisco ai momenti di sconforto, di forte stress, di corse contro il tempo, di insicurezze, di evidenti complicazioni che vanno gestite con lucidità.

Inutile credere al falso mito del «lavoro perfetto» secondo il quale l'imprenditore non lavora veramente ma si limita a decidere (che comunque diciamocelo, è un lavoro tutt'altro che semplice) e gode solo dei momenti migliori.

Lavorare seriamente implica sforzo, grande tenuta fisica e mentale, alta qualità del lavoro e serietà costante,

cosa che si può facilmente comprendere osservando i veri grandi imprenditori. Non sto parlando per forza di quelli milionari a capo di grandi aziende, bensì più semplicemente di quelli che lo fanno davvero e non si limitano a raccontarne solo gli aspetti più rosei.

Un altro fattore che mi ha arrecato fin da subito stress, poi, è stata la gestione delle attività che non riuscivo inizialmente a delegare a nessuno. Purtroppo c'è poco da fare a proposito, se non scegliere con estrema attenzione le persone e investire su almeno una che possa diventare una spalla e un braccio destro a cui delegare attività un domani. Io però sentivo su di me tutto il peso di cose che dovevo fare a tutti i costi e in tempi ridotti e per attenuare questo carico di lavoro quindi mi sono messo anch'io a cercare qualcuno in gamba che mi potesse aiutare su più fronti: imparare a delegare è stata per me un'urgenza più che una virtù. Ero esaurito. Se fosse stato per me avrei continuato volentieri a fare molte cose per conto mio perché farle mi piaceva, ma il mio fisico e la mia testa dicevano di no.

Nonostante il mio tentativo di delegare il più possibile, mi riempivo ugualmente le giornate di cose davvero superflue e inutili come fissare le riunioni del mese successivo quando non era necessario farlo, pianificare mail che avrei potuto scrivere mesi più tardi, mettermi a creare presentazioni senza che ce ne fosse una reale necessità. Non riuscivo seriamente ad accettare il fatto che il mio lavoro mi provocasse del malessere, così provavo in ogni modo a essere sempre più produttivo, con la speranza che questa cosa scacciasse quel sentimento negativo… anche se, apparentemente, non ha forse molto senso come idea.

Devo ammettere che ancora oggi a volte in parte è così: fatico talvolta ad accettare di avere dei giorni in cui magari non ho voglia di lavorare o in cui non riesco e per sconfiggere questa fatica mi costringo a lavorare il doppio, con il risultato, però, di concludere poco e niente.

La passione in me si manifesta quindi come una

potentissima arma a doppio taglio: da una parte è il motore vulcanico delle mie azioni quotidiane, dall'altra è la porta d'ingresso all'abisso della mia ansia. In mezzo a queste due estremità, che possiamo immaginare come delle pareti di un altissimo canyon, c'è una corda tesa su cui bisogna camminare in equilibrio per non cadere nel precipizio.

Nello stesso modo in cui la passione permette di creare, così distrugge, e se non si impara a gestirla e a dosarla essa ti conduce inevitabilmente in un tunnel senza luce e senza fine, dove è facile perdersi.

Ci ho messo parecchio tempo a prendere consapevolezza del fatto che avevo perso il controllo su tutto ciò che contava veramente: famiglia, affetti, amici. Per mesi mi sono domandato come avrei potuto uscire dalla gabbia in cui mi ero rinchiuso finché ricordo che un giorno, uno dei tanti in cui la sera prima ero andato a letto alle 02.00, mi sono svegliato alle 10.00, rintronato, con 2 chiamate perse della mia assistente e un meeting saltato, mi sono guardato allo specchio e mi sono vergognato di come mi stavo trattando. Ricordo che in quel momento mi sono detto che mi sarei impegnato seriamente a onorare il tempo speso per fare cose essenziali.

Ho riflettuto su tutto ciò che avevo fatto e mi sono presto reso conto che stavo togliendo troppo tempo ed energia a me stesso e a ciò che più contava nella mia vita: il lavoro stava totalizzando i miei giorni e le mie notti, annullando tutto il resto.

La prima cosa che ho fatto per correggermi e che ho

provato a mettere in campo per raddrizzare la situazione è stata cercare di separare la vita privata dal lavoro. Mi sono quindi riscoperto pian piano figlio, fidanzato, amico, nipote oltre che imprenditore. Non è una cosa semplice e sarei falso se dicessi che questa separazione netta è possibile perché in realtà non è così: la mia vita è rimasta intrisa del mio lavoro come una spugna, però in compenso ho capito alcune dinamiche, accettato determinate situazioni e stati d'animo e soprattutto imparato a gestire e riconoscere tempi, priorità, momenti idonei e momenti in cui è bene e giusto pensarci dopo o il giorno successivo.

Ancora oggi sto provando a rimettere al centro della mia vita le relazioni – quelle oneste e consolidate, ma anche quelle nuove – con persone che vogliono stare accanto a me oltre alla mia professione. E continuo a infastidirmi tutte le volte in cui qualche scheggia di lavoro intossica le ore preziose dedicate allo svago e alla famiglia, ma immagino sia normale.

Non so se ti è mai capitato, però quando hai una forte identificazione con il tuo lavoro e questo oltretutto ti appassiona è molto più difficile tenerlo fuori dalla tua vita, mentre è molto più comune e semplice, al contrario, parlarne in qualsiasi situazione. Ci sono tanti esempi di occasioni in cui mi sono ritrovato a parlare della mia azienda o di ciò che faccio e altrettante volte è accaduto fuori luogo o in contesti sbagliati alle ore sbagliate. Una sera, ad esempio, mi trovavo in una nota discoteca di Milano, l'Old Fashion, per la festa di un'amica, e tra un drink e l'altro ho incontrato una persona che mi aveva riconosciuto perché mi seguiva su LinkedIn.

Ha cominciato a farmi domande che, gira e rigira, alla fine hanno portato la conversazione a convergere su quello che faccio, su quanto è bello avere un'azienda, su cosa significa fare impresa, eccetera, eccetera, eccetera. In quel momento mi stavo odiando anche se, ovviamente, vedere questo interesse fa sempre un enorme piacere, ma nel momento in cui ti trovi a parlare di determinati argomenti di cui parli tutto il giorno pure in una discoteca diventa pesante e, difatti, io che sono una persona estremamente estroversa in quell'istante mi sono sentito parecchio a disagio. Non era quella la circostanza giusta, ero lì per divertirmi con i miei amici e per staccare la spina ma comunque mi sono ritrovato a parlare del mio lavoro. E non è neanche l'unico caso simile in discoteca, così come in altre situazioni sia in Italia che all'estero con persone appena conosciute. È inevitabile che parlare con qualcuno che ha una propria attività sia interessante e affascinante allo stesso tempo. È il fascino dell'imprenditore, dicono, se poi ci aggiungi anche il fatto che l'imprenditore coincide con un content creator che basa la sua notorietà sul racconto della propria vita, anche professionale, questo complica notevolmente l'impegno che nel mio caso mi ero promesso guardandomi allo specchio: tenere questa cosa fuori da determinate situazioni. E così mi è capitato di trovarmi a parlare della mia sfera professionale durante le feste di altri, durante serate in discoteca, durante party in casa con dell'alcol in corpo, durante momenti di relax. Praticamente qualsiasi momento inadatto possa venirti in mente, potrei inserirlo nella lista.

Ultimamente quindi, per tenere fede alla promessa

che mi ero fatto e che mi rifaccio quotidianamente ogni mattina, sto provando a commettere dei piccoli atti di coraggio che partono dal riservare del tempo esclusivamente a me stesso. Si parte dalle piccole cose, come ad esempio rifare il letto come prima cosa appena alzato, fino a gesti più significativi, come ad esempio ritagliarmi weekend di puro divertimento, passeggiate all'aria aperta, pranzi in compagnia dei nonni, giornate al lago in cui mi prendo la libertà di oziare con i piedi in ammollo o facendomi qualche bagno, quando la temperatura e la stagione lo consentono, alla ricerca di un po' di pace. Prendendomi queste licenze, sto imparando a dare al tempo il suo giusto significato e il giusto valore. In passato, tutte le ore o le nottate passate a tu per tu con la tastiera del pc mi avevano tolto il fiato e la lucidità di vivere relazioni sane, amicali e spensierate.

Se decido di concedermi un mese di ferie, da ora in poi saprò che dovrò lavorare preventivamente molto di più, ma per una giusta causa.

Prima ero ossessionato dal perdere tempo che non fosse dedicato al lavoro perché sostanzialmente ero spaventato dalle conseguenze delle mie stesse azioni. Non mi prendevo mai una pausa perché, in fondo, ero incapace di controllare ciò che sarebbe potuto capitare in mia assenza: non vedendo alcuna necessità di andare in ufficio e non avendone ancora uno, le mie giornate iniziavano facendomi il caffè, ma neanche il tempo di finirlo che ero già seduto davanti al computer, per poi fare una pausa pranzo brevissima e rimettermi al lavoro fino, a volte, oltre le 19.00.

Molto spesso mi sono sentito incompreso nella mia

corsa folle verso la realizzazione personale e ripudiavo il mio malessere perché volevo sempre sembrare invincibile agli occhi degli altri, un po' per colpa della pressione sociale e un po' per colpa mia che non sapevo fregarmene. Mi ripetevo che gli altri non potevano comprendere fino in fondo l'entità della mia passione e del mio costante incubo, i miei stessi amici o le persone che avevo accanto non capivano e di conseguenza sulla base di questa convinzione io non spiegavo, non esternavo, non parlavo di queste cose e di ciò che sentivo.

Vivevo sostanzialmente in una sorta di bolla, in un isolamento forzato a cui mi ero condannato, allontanandomi alla fine da tutto e da tutti. Se gli altri da un lato facevano fatica a comprendere, io dall'altro mi rifiutavo di spiegare perché convinto che tanto non avrebbero capito e la cosa mi creava ansia solo a pensarci.

Svariate volte ho trascurato i miei legami perché dovevo fare qualcosa: in quel momento nessuno mi stava costringendo a farlo, ma io lo volevo a tutti i costi. E così tante altre volte mi è capitato di rifiutare uscite o momenti spensierati perché dovevo partecipare a un meeting urgente o dovevo ultimare un'attività, di qualunque cosa si trattasse in molti casi l'urgenza stava solo nella mia testa e avrei potuto posticipare o fare in un altro momento, ma in quell'istante volevo così. Avrei potuto programmare diversamente il mio tempo, eppure mi stavo per l'ennesima volta negando alle persone care. Per mesi interi non ho saputo verbalizzare il malessere, chiedere aiuto e accettare il mio stato di debolezza. A volte è ancora così, perché quando la passione si fa sentire porta oltre il limite senza che tu te ne accorga.

Da quando ho fondato la mia azienda ho anche tentato di spiegare in qualche modo alle persone a me care perché tante volte in passato le ho trascurate ma, purtroppo, non sono poche le volte in cui ho faticato a trovare la comprensione di cui avevo bisogno. È difficile per la maggior parte delle persone capire cosa significhi tutto questo e quanto sia il peso che un imprenditore sorregge sulle proprie spalle, in solitudine.

La passione, così come la sofferenza che ne deriva, spesso sono incomunicabili.

La passione è quella fiamma che ti accende e che poi ti spegne, esattamente come la caffeina quando l'assumi a stomaco vuoto: ti dà una carica di energia che poi si esaurisce e causa spossatezza. Ora, anche se con enorme fatica, ho imparato e ancora sto imparando a governare questo impeto, a scindere vita e lavoro, affetti e clienti, tempo e denaro. In questo viaggio all'insegna della consapevolezza di me come persona e come imprenditore, ho trovato piccoli e grandi mezzi per aprirmi un varco nella gabbia e per tornare a respirare: ne condividerò qualcuno, nella speranza che possano essere utili anche a te o a qualcuno che conosci e potrebbe averne bisogno.

03

La mosca nella bottiglia

Come la solitudine, la pressione, l’incomunicabilità diventano una gabbia mentale, e come uscirne

*

La solitudine è tra gli stati d'animo più diffusi della nostra contemporaneità. È ormai un dato di fatto che il periodo della pandemia da Covid19 abbia accentuato atteggiamenti e cause depressive al punto che nessuno si è scoperto indenne da un sentimento di spaesamento, di solitudine o di vera e propria depressione.

Basti pensare che da una recente ricerca condotta su 35 mila studenti dell'Università di Milano-Bicocca insieme all'Università del Surrey, in Gran Bretagna, è emerso che il 45% di questi universitari soffre di solitudine e fatica a ritagliarsi una socialità autentica e non virtuale. Inoltre, il 20% soffre di ansia e depressione, il 16% ha sperimentato almeno una volta pensieri anticonservativi e il 9% ha compiuto almeno una volta atti autolesivi.

La tecnologia pervasiva, l'utilizzo smodato dei social media, l'assenza di tenaci rapporti interpersonali e affettivi insieme a un crollo generale di ogni tipo di riferimento culturale e sociale sono alcuni dei fattori che influenzano maggiormente i più giovani confinandoli in casa o tra le mura di loro stessi, in preda alla solitudine. Molti di essi sono immersi nell'illusione continua di essere in contatto (virtuale) con tante persone a tutte le ore del giorno, ma nella maggior parte dei casi sono rinchiusi nelle loro gabbie di incertezza e disperazione.

Alla solitudine si lega un crescente analfabetismo emotivo che aleggia in maniera sempre più pericolosa tra le relazioni attuali: si fatica a raccontarsi apertamente, a confrontarsi in maniera autentica e diretta con interlocutori reali che riescano a non mascherarsi dietro a schermi asettici, a riconoscere stati d'animo ed emozioni. Non siamo più abituati a guardarci allo specchio in maniera sincera e serena, trovando sui social network una urgenza di confronto con modelli e tendenze che dettano la strada del successo.

Il continuo paragone tra noi e chi ce l'ha fatta meglio di noi si rivela un'arma potente che ci confina nella nostra solitudine di esseri umani perfettibili e fragili. Chi non ha la forza di reagire o chi non accetta un aiuto ricade inevitabilmente in un contesto di incomunicabilità e di isolamento.

Da quando ho un'azienda ho avuto modo di realizzare un concetto che tanti raccontano ma che, per chi non lo vive, sembra solo un'esagerazione: se sei il capo, molto spesso sei anche solo. È la «condanna» che spetta a chi sceglie un percorso imprenditoriale come il mio e mi viene da dire che quanto più il lavoro è digitale, quanto più questa sensazione e situazione sono accentuate.

È molto complicato spiegare la solitudine, specialmente quando agli occhi degli altri la tua vita è viaggi, eventi, party, cene, chiacchiere e strette di mano. Tutto bellissimo visto dall'esterno.

Qualche tempo fa però stavo ascoltando un'intervista fatta al Country Manager di un'importante azienda attiva nella consegna di cibo a domicilio, Deliveroo, e nonostante svariati anni in più di me e un ruolo leggermente diverso per via del fatto che l'azienda per cui lavora non è la sua, ha espresso perfettamente il motivo di questa solitudine. La causa è infatti data principalmente da due fattori: dal peso delle informazioni, molte delle quali non possono essere condivise perché farlo potrebbe significare causare un danno all'azienda e alle persone che ci lavorano, e dal peso delle decisioni, le quali portano sempre a delle conseguenze che possono provocare, in alcuni casi, anche scontentezza o malcontento. E a nessuno piace lavorare sapendo che i colleghi o collaboratori sono scontenti o delusi per una decisione presa.

Nel mio caso però, così come in quello di qualsiasi altro imprenditore, nessuno può prendere decisioni o agire al mio posto in determinate circostanze, ad esempio quando si tratta di fare ragionamenti di alto livello come decidere in che modo allocare delle risorse economiche. Sono solo quando affronto quelle responsabilità che non posso delegare a nessun altro, ma sono solo anche quando lavoro tanto mentre gli altri si godono – giustamente – i loro momenti in serenità. La cosa che mi fa sentire più solo però sai qual è? Quando non ricevo supporto e quando mi racconto ma non vengo realmente ascoltato, ancor più che compreso.

In effetti, sembra quasi che agli occhi degli altri o dei propri collaboratori l'imprenditore non abbia bisogno di nulla. Dopo tutto è il capo, di cosa potrà mai avere bisogno?

Beh, sappi che non c'è niente di più sbagliato. Anzi, forse potrà risultare come un azzardo, ma mi sento di dirlo con piena convinzione: è proprio l'imprenditore ad aver bisogno, in un certo senso più di altri, di motivazione e incoraggiamento, perché è la persona maggiormente esposta a pressioni e responsabilità. Che piaccia sentirlo dire o meno è la verità, quella persona non è il collaboratore che finisce di lavorare alle 17.30, chiude il computer e ci pensa domani, ma l'imprenditore che alle 17.30 nella maggior parte dei casi è ancora a lavoro, così come alle 21.00, alle 23.00 o anche oltre. E queste pressioni e responsabilità non soltanto pesano come macigni sulle spalle, ma occupano ogni spazio libero della mente, insidiandosi anche nei sogni la notte fino a trasformarli in incubi.

Sembrano cazzate quelle che sto dicendo? Forse agli occhi di qualcuno potrebbero, ma prova a chiederlo a chi ha un'azienda e scoprirai che non lo sono.

Una cosa interessante è che, se da un lato si può dire che chi fa impresa o chiunque abbia un tipo di mentalità imprenditoriale (quindi incentrata sull'intraprendenza) abbia spesso la capacità di auto-motivarsi, parlando con numerosi executive coaches e mentori ho scoperto che il senso di isolamento e solitudine è una costante e aumenta man mano che si progredisce. Quindi sì, anche l'imprenditore così come l'amministratore delegato o qualsiasi persona che ricopra ruoli di leadership e management di alto livello ha bisogno di supporto, a volte anche solo di un «Come stai?» in più o di un complimento sul lavoro svolto.

Un modo per evitare tutto questo però ci sarebbe ed è non fare il *one man show*. D'altronde a che serve fare tutto da soli quando si potrebbe fare meno fatica condividendo il sentiero con qualcuno? Gli *one man show* hanno rotto i coglioni e il 90% di queste storie sono finte perché c'è sempre qualcuno accanto a loro. E va benissimo così, anzi, è importantissimo promuovere la condivisione del percorso imprenditoriale perché anche solo un punto di vista in più potrebbe essere in molte occasioni *gamechanging*, oltre che costruttivo.

Tutto questo però fa emergere un tema fondamentale, ossia il fatto che il percorso imprenditoriale non può e non merita di essere condiviso con chiunque ma soltanto con persone che sono realmente in sintonia, che credono in te e che hanno la tua stessa visione. Ciò non significa che debbano essere sempre in accordo con quanto dici o pensi, piuttosto che abbiano in testa il tuo stesso traguardo.

Purtroppo tutto questo io l'ho capito troppo tardi: l'esperienza professionale che ho condiviso con quella che era la mia socia, difatti, non ha fatto altro che allargare la voragine di solitudine e malessere che già avvertivo dentro di me quando dovevo affrontare decisioni o situazioni rilevanti e il motivo sta proprio in ciò di cui ho parlato nelle righe precedenti, ossia che non avevo un sostegno reale e mi ritrovavo, fondamentalmente, solo. All'inizio della nostra avventura tutto sembrava funzionare, era come una qualsiasi relazione d'amore durante i primi mesi e la metafora è del tutto voluta, dato che avere un socio, una socia o diversi equivale nella sostanza a un matrimonio o comunque a una relazione d'amore con i suoi alti, i suoi bassi, i momenti di litigio ma anche quelli di pace. Nel nostro caso era esattamente così: all'inizio era tutto splendido, poi però alle incomprensioni del tutto normali sono sopraggiunti la mancanza di volontà a fare passi in avanti o passi indietro e l'orgoglio, che tanto fortifica quanto distrugge. Purtroppo non eravamo compatibili, forse anche per via del momento di vita in cui ci trovavamo e che nel suo caso la portava a dedicare poco tempo alla nostra azienda per non perdere l'altro lavoro con cui si pagava il mutuo. Evidentemente sperava che si potesse «fare impresa part time», ma non è possibile. Sarebbe così facile, invece

fare impresa significa buttarsi e rischiare, avere coraggio e anche follia,

cose che – non a caso – non sono per tutti. Chiaramente questa situazione non era campata per aria da un giorno all'altro, tutt'altro, io ero d'accordo fin dall'inizio! Quando lei accettò di unirsi alla mia avventura sapevo che avrebbe continuato a portare avanti la sua occupazione principale, ma da entrambe le parti c'era la speranza che, nel tempo, questa avrebbe avuto un ruolo sempre più marginale a favore della nostra realtà. Ci sbagliavamo. Le cose infatti sono andate diversamente e più il tempo passava, più l'azienda veniva trascurata e più il tempo per discutere e avere confronti si riduceva. Inoltre, come ho detto, avevamo scoperto di non essere perfettamente compatibili e questo portava a scontri che non sempre avevano un risvolto positivo. Quella splendida relazione, tanto bella all'inizio e fatta di sogni, desideri e buone volontà, dopo un anno si era trasformata in una relazione tossica in cui le discussioni venivano evitate per non rischiare di creare problemi, in cui la paura di dire ciò che si pensava frenava il confronto, in cui il desiderio di essere nel giusto impediva di vedere il punto di vista dell'altro. In questo clima generale di malessere mi sono ritrovato sempre più carico di lavoro per via del fatto che dovevo sopperire alle sue mancanze date dal sempre minor tempo a disposizione e dalla mia inettitudine ad affrontare la questione, fino a quando i «non ho tempo»si sono fatti così frequenti che ho preso una decisione. A un anno e qualche mese dalla fondazione della mia società mi sono ritrovato a compiere una scelta che avrebbe potuto cambiare completamente il corso delle cose da lì in poi e, alla fine, dopo averci pensato a lungo ed essermi confrontato più e più volte con persone più navigate di me ho fatto ciò che ho ritenuto giusto per la mia azienda e per me stesso: ho detto basta. L'ho quindi allontanata da quello che era diventato ormai un sogno solo mio e devo dire che è stata la cosa giusta. Mi ci è voluto tempo e una sana dose di menefreghismo, oserei dire, ma è proprio in quel momento che ho capito una lezione importante: a volte per fare del bene serve pensare al proprio, perché in certe situazioni è l'unico modo per riuscire a dare la nostra parte migliore agli altri. Io ho scelto di fare qualcosa che faceva stare bene me per governare meglio un'azienda e trasformare quel benessere singolo e personale in benessere collettivo per chiunque lavorava e lavora con me. O almeno è ciò che ritengo di aver fatto.

La distanza tra me e quella che era la mia socia non era quindi aumentata per via di visioni differenti, ma perché non ci eravamo compresi come avremmo dovuto e non siamo stati abbastanza bravi a supportarci vicendevolmente nei momenti del bisogno. A questo proposito c'è una bellissima frase di Jeff Bezos, che un giorno scrivendo ai suoi azionisti di Amazon disse: «Restiamo in disaccordo e impegniamoci». Ecco, noi ovviamente avremmo potuto trovare una strada comune per andare d'accordo ma non abbiamo voluto, non ci siamo impegnati abbastanza e questo ha condotto a una inevitabile conclusione. Oggi dunque mi trovo a guidare da solo una società e un team di oltre dieci persone. Ciò mi rende felice? Sinceramente non lo so, forse a momenti alterni. Non appaga neanche più di tanto il mio ego dal momento che io li vedo tutti come colleghi e colleghe e non come dipendenti sottoposti al mio controllo. Sono contento, quindi? A momenti alterni, a dirla tutta. In compenso, però, questa situazione mi carica di ulteriori responsabilità e mi obbliga ad affrontare senza troppo aiuto la quotidianità di un *business* in continua evoluzione.

Il mestiere dell'imprenditore, in particolare di quello che lavora nel digitale, non è roseo come si può immaginare e parlando sempre di solitudine bisogna dire che confina in questo stato anche per via del fatto che il mondo digital, oggi, rimane ancora difficilmente comunicabile e comprensibile all'esterno per via della scarsa cultura che c'è del mestiere e di tutti i mestieri legati all'ambito. Spesso mi sono chiesto come avrei potuto raccontare meglio ai miei amici, ai miei nonni, ai miei genitori o ai miei cari quello che faccio, ma il più delle volte ci ho rinunciato fin dal principio: troppo complicato. L'ultima volta che ci ho provato di nuovo è stato con i miei nonni un giorno in cui ero andato a trovarli e così, mentre ero seduto sul divano, hanno cominciato a farmi domande a cui ho tentato di dare risposta. Mi veniva da sorridere perché il livello di spiegazione era così banale che quasi mi vergognavo delle risposte che davo, però la verità è che quando manca il background è quasi come parlare una lingua differente. Come parlare di aria fritta, in sostanza. Probabilmente è anche per questo che nella mia testa ronza continuamente il pensiero che gli altri non possano capire fino in fondo ciò che combino nel mio mestiere. D'altronde certe cose si possono comprendere appieno solo facendole e vivendole in prima persona, no?

La cosa ancor più grave però è forse che mi ostino a pensare che gli altri non possano realmente comprendere il motivo per cui spendo così tanto tempo attaccato a uno schermo e a una tastiera quando potrei, ad esempio, andare a farmi una passeggiata in compagnia. Come spiegare perché rinunci a un aperitivo con amici per dieci volte di seguito perché devi fare cose di lavoro? Certe cose, l'ho già detto spesso, non sono facilmente spiegabili, soprattutto se il vero motore della mia professione rimane il fatto che mi piace un sacco ciò che faccio. E anche in questo sono solo: soltanto io so quanto profondamente amo il mio lavoro e quanti sforzi farei pur di vedere crescere l'azienda che ho immaginato, sognato e creato.

A volte mi sento proprio come una mosca in una bottiglia: studio, ascolto, parlo, viaggio, faccio cose ma sbatto continuamente contro pareti di vetro invisibili che mi vincolano alla mia condizione. Sono sempre io dietro a uno schermo, sempre io in un ufficio o sul letto con un pc davanti mentre gli altri si divertono, sempre io che devo mettere la firma, prendere decisioni, parlare francamente mantenendo però diplomazia e gentilezza anche quando vorrei solamente spaccare tutto (e pure qualche faccia). Ma sono gli altri a non capire o io a non farmi capire? Sono gli altri a non ascoltare abbastanza o io a non esprimermi bene?

Vivo nell'ecosistema della bottiglia in cui sono intrappolato, dentro alla gabbia mentale che mi creo ogni volta che mi ostino a pensare di essere da solo davanti al mondo di impegni da gestire. Un po' come le due splendide cocorite che comprai ormai anni fa al mercato, un giorno di ritorno dalla scuola, che quando pulisco la gabbia e le lascio volare libere per la stanza finiscono per sbattere contro i vetri delle finestre perché forse vedendo attraverso scorgono il cielo, ma non vedono la barriera che le separa da esso.

Devo dire che, quando ho fatto della presenza sui social network parte del mio lavoro, paradossalmente la solitudine si è ulteriormente dilatata. In un contesto mediatico in cui sembra che tutti sappiano tutto di tutti e che nessuno possa mai sentirsi solo veramente, personalmente faccio i conti con un vuoto tutte le volte in cui gli schermi si spengono e io rimango in una stanza a riflettere tra me e me. Mi capita spessissimo e sono abbastanza convinto che riguardi buona parte delle persone ormai, soprattutto giovani, perché online viviamo il costante paragone con le cose belle che gli altri scelgono di condividere della propria vita e questo, in un modo o nell'altro, influisce e non poco. E poi quelli che sono messaggi o interazioni solo in una ristretta percentuale si manifestano in reali abbracci o strette di mano. Le persone che ci seguono, che interagiscono, che rispondono sarebbero veramente disposte a guardare negli occhi e ad ascoltare sul serio? Nel mio caso, essendo io una persona molto attiva su queste piattaforme da ben prima di avere un'azienda, vivo spesso relazioni che rimangono a mezz'aria, senza approfondimento alcuno, senza volontà reciproca di conoscersi o capirsi realmente. Immerso in uno stato di profonda incomunicabilità, mi sento così morso dalla solitudine ogni qualvolta la distanza trionfa negli affetti, nelle amicizie e sul lavoro.

Nonostante susciti qualche tipo di interesse per via del fatto che sono intraprendente, giovane e agli occhi degli altri professionalmente affermato (qualunque cosa ciò voglia dire) quasi tutti i rapporti che stringo con le persone che conosco rimangono a filo d'acqua e non vanno mai in profondità come talvolta vorrei.

Sarà forse per la mia tendenza alla nostalgia o per l'inquietudine che mi cresce dentro tutte le volte in cui l'arcobaleno passa e tornano le nuvole? Forse sì, ma so di sentirmi solo anche quando non dovrei. A volte mi capita di sentirmi solo in mezzo alle persone: è molto strano.

Questo non significa che lo sia veramente, ma è pur vero che esiste in me questa sensazione continua di essere uno contro tutti, che ogni giorno ci sia qualcosa o qualcuno che prova a buttarmi giù e io lotto per rimanere a galla, ma attorno a me ci sono solamente persone che guardano e non intervengono per aiutare, al massimo filmano per poi pubblicare il video nel caso affogassi.

È così che si sente chi si impegna a portare avanti un'attività o un business. Ma sarà vero?

Solo dopo anni di malessere sono finalmente riuscito ad ammettere che, almeno in parte, la responsabilità di quel disagio era anche mia. Mi sono sentito solo anche perché non ho avuto il coraggio di aprirmi onestamente, di vedere negli altri interlocutori fidati e comprensivi. Ho sempre ritenuto faticoso dare un significato ai sentimenti profondi, verbalizzare cose difficilmente spiegabili, definire meglio ciò che mi fa palpitare. Umberto Galimberti dice spesso nei suoi interventi pubblici che è dovuto al fatto che non viene promossa una vera «educazione emotiva» che permetta di esprimere al meglio ciò che ci si porta dentro e secondo me ha completamente ragione. Guarda tu se per comprendere cosa provo realmente doveva volerci un film della Disney, eppure mi riconosco spesso incapace di comunicare le mie emozioni come vorrei.

Magari tutto questo arriva da molto più lontano, dal passato. Alle elementari venivo a volte escluso perché troppo irrequieto, alle medie invece ero tra quelli che venivano presi in giro per com'ero o come mi vestivo: occhiali quadrati, baffetto da pubertà, camicia a quadri e… pantaloni della Sneaker Freak. Sì, lo so cosa pensi: «Ma come cazzo si vestiva questo?». In effetti sull'outfit c'era qualcosa da migliorare, ma questo, unito al mio carattere esuberante, bastava a mettermi al centro di attenzioni sgradite. Alle superiori stessa storia, il look era decisamente migliorato, ma le prese in giro non se ne andavano: durante il primo anno il motivo era il mio aspetto, per via del fatto che mi curavo e avevo l'orecchino a sinistra – ai tempi considerato da omosessuale – e durante il secondo e terzo anno il fatto che avessi alcune passioni e interessi diversi dagli altri, come fare video, musica, foto... Come ho raccontato all'inizio del libro, questo è il periodo in cui cercavo di capirmi, quindi sì, giocavo anch'io come tutti a calcio, però mi piaceva pure esprimere i miei pensieri in video ed essere quello che oggi sarebbe un content creator, anche se ai tempi non esisteva ancora il termine. Già allora sentivo il bisogno di autorealizzarmi, e per riuscirci non facevo altro che sperimentare cose per trovare la mia strada che evidentemente non avevo ancora compreso e ciò offriva agli altri l'opportunità di prendermi in giro o di escludermi dai gruppi. In quegli anni poi ho anche vissuto il male del cyberbullismo, per non farmi mancare proprio niente, con dei veri haters che mi sfottevano scrivendo cattiverie online solo perché parlavo davanti a una telecamera. Ero diventato un capro espiatorio a scuola e persino alcuni dei miei insegnanti non avevano fiducia in me, anche se questo fenomeno si verificava già dai tempi delle medie. Ricorderò per sempre quando mio padre mi raccontò del momento in cui uno dei miei professori, al colloquio, gli disse di rinunciare perché tanto non avrei mai concluso nulla, o quando a mia madre venne detto che non c'erano soluzioni perché, tanto, non ce la facevo. Non ero abbastanza bravo.

Non posso dire di aver avuto un passato drammatico perché sarei esagerato, ma non sento di poter affermare di aver sempre avuto una vita felice.

Io poi vengo da Milano sud e ho sempre vissuto a San Donato Milanese, una vera e propria frontiera tra la città e la periferia. Sono quindi cresciuto nelle piazze di cemento con i «maranza» quando ancora non si chiamavano così ma solo «brutta gente», gli stessi che mi parlavano sporco senza chiamarsi per nome, ma solo «Fra». Quelli con il borsello, i risvoltini, i tatuaggi, i piercing e i pitbull di cui raccontano nelle loro canzoni i Club Dogo, per intenderci.

Sarà anche per questo che ho sempre sentito dentro una voglia irrefrenabile di riscatto che mi ha portato ad aprire un'azienda. Dentro di me dovevo in qualsiasi modo dimostrare al mondo che io potevo farcela da solo. Dovevo dimostrarlo agli altri, agli insegnanti, a chi mi prendeva in giro, a me stesso. Dovevo voltare pagina, allontanarmi da un mondo che mi aveva solo inquinato e da una mentalità provinciale che mi voleva uguale agli altri, e oggi che ci sono riuscito mi sento solo. Come i rapper quando dicono di avere i soldi ma non avere nessuno che tiene realmente a loro, ma senza i soldi e senza essere un rapper.

A pensarci bene credo sia per tutte queste cose se crescendo non ho facilmente raccontato a cuore aperto ciò che mi rendeva fiero e soddisfatto. Per pudore, per vergogna, per il terrore di non essere compreso, non lo so. Quando stavo scegliendo lo psicologo che

Se non sei tu
a credere in te stesso,
nessuno ci crederà
al posto tuo.

mi avrebbe accompagnato lungo un percorso che poi ho abbandonato ne ho incontrata una che, a seguito di una chiacchierata di un'ora, mi ha detto che ai suoi occhi ho paura a mostrarmi per quello che sono: svio costantemente le domande che mi vengono fatte, ci giro attorno, non rispondo mai completamente e pertanto non riesco a mettermi totalmente a nudo. A quanto pare sono prevenuto, mi difendo da possibili giudizi gratuiti e penso che alla fine non sia molto interessante parlare di me.

Ho vissuto così per troppo tempo, nella mia bolla solo con me stesso senza pensare di esprimere le mie preoccupazioni o i miei dubbi con qualcuno perché «tanto non avrebbero capito» che, alla fine, ci sto scrivendo un libro. È un caso curioso. Però mi consolavo così, andando avanti a testa bassa e risolvendo i problemi da solo, come ho imparato a fare fin da bambino. Quando si cresce allenandosi a farcela da soli, diventa poi difficile condividere con altri le proprie difficoltà, quando in realtà è così bello e importante farlo.

Perciò, anche se attorno alla figura dell'imprenditore aleggia spesso una narrazione tossica che vorrebbe farci credere che fare tutto da soli sia più *cool*, quel che è davvero *cool* è imparare a chiedere aiuto, imparare a circondarsi di persone con cui parlare e confrontarsi, imparare a volersi bene. Le storie che si sentono e si leggono, in cui l'imprenditore dopo tante difficoltà riesce da solo ad affermarsi e a raggiungere il successo in solitaria, sono finte nella stragrande maggioranza dei casi. Sembra quasi che, se riesci a sbrogliare certe faccende senza aiuto, allora ti meriti grandi apprezzamenti quando, in realtà, non importa a nessuno. Che tu lo faccia da solo o meno non cambia nulla agli occhi degli altri.

Non è quindi un caso se, per uscire da questa gabbia in cui mi sento solo a lottare contro tutti, ho iniziato anche a circondarmi di figure personali e professionali che mi aiutassero.

Ne parlo così tanto perché la solitudine percepita è un problema particolarmente presente oggi, specialmente nel caso dello smartworking.

È stata forse l'unica conseguenza non completamente negativa della pandemia. Il lavoro agile nasce con diversi presupposti positivi: ci permette di azzerare tutte quelle ore perdute che ogni giorno sprechiamo durante i tragitti pendolari, riducendo la stanchezza e lo stress; rende possibile «rilassarsi» di più, lavorando dal comfort della propria casa e, ultimo ma non meno importante, riduce l'inquinamento.

Tutto bello, tutto stupendo, ma ci sono anche degli aspetti decisamente problematici – e io, purtroppo, li ho potuti sperimentare tutti: la difficoltà di separare la vita privata e quella lavorativa; la sensazione di non «staccare» mai; e, ovviamente, il senso di solitudine, alienazione e isolamento che viene dallo stare per tanto tempo davanti a uno schermo, da soli, comunicando con colleghi, amici e famigliari solo attraverso telefono e pc.

Sai, una sera, mentre ero a casa mia a Francoforte in un periodo di forte stress, ero in chiamata con una persona a cui voglio molto bene e mi disse che mi stavo rinchiudendo in me stesso, nella mia bolla, appunto, e stavo tagliando fuori tutto e tutti dalla mia vita. Come la passione mi stava divorando, così anche la solitudine mi stava progressivamente allontanando dal mondo degli affetti: e allora non erano gli altri a non capirmi, ero io a isolarmi e non farmi capire.

Quello è stato il momento in cui ho deciso che mi sarei sforzato di più ad aprirmi all'esterno e agli altri e in cui mi sono imposto di separare la mia vita privata dal lavoro per stare meglio.

I mesi che avevo passato in casa durante la pandemia e successivamente i momenti preliminari alla nascita della mia società mi avevano imprigionato alla scrivania: la fascinazione per lo *smartworking* è però durata ben poco e non ha fatto altro che aumentare una sensazione che evidentemente era già radicata in me e che ancora mi pervade. Lavorare troppo da remoto mi ha costretto in quella dimensione di maggiore straniamento da cui ho faticato a uscire, ma oggi sto imparando a temporizzare le mie attività di lavoro, a impostare delle sveglie e dei timer per obbligarmi a un utilizzo coscienzioso delle piattaforme digitali e dei social network.

Oggi, per fortuna, esco più spesso invece di stare attaccato a uno schermo fino a tarda notte – anche se a volte capita ancora – e preferisco delle chiacchiere in presenza e un caffè preso a un tavolino all'aperto. Bisogna anche accettare il fatto che gli altri a volte possono non capirti, ma questo non dovrebbe spingerci a trascurare la parte relazionale della propria vita. In realtà, se metti gli altri nelle condizioni di aiutarti, a quel punto iniziano a comprenderti.

Se trovassimo più spesso il coraggio di metterci a nudo con tutte le nostre debolezze, ci sarebbe molta più verità in giro. Non saremmo tutti stretti nelle nostre identità digitali che non fanno altro che aumentare il divario tra il reale e il virtuale. Potremmo addirittura far leva sulle nostre passioni, sulle nostre unicità, sulle nostre curiose professioni per far rete, per comprenderci vicendevolmente senza pregiudizi. Questo penso che sia l'antidoto più prezioso contro la solitudine, la vera via d'uscita per la mosca intrappolata nella bottiglia.

04

Non c'è mai abbastanza tempo

Gestire il tempo è la sfida più grande tra imprevisti e scadenze, ma come si fa senza prosciugarsi?

*

Dante ha un bellissimo rapporto con la fidanzata Alice ma ne ha uno pessimo con il tempo. Se te lo stai chiedendo, Dante è il protagonista del film Era ora *(alias Edoardo Leo), stretto da impegni sempre più asfissianti, che arriva in ritardo su tutto, accelera per non perdersi nulla e ha l'impressione costante che la sua vita gli stia sfuggendo di mano da un momento all'altro.*

Viene però condannato a rivivere il giorno del suo compleanno che ogni volta avanza di un anno, facendogli percepire lo scorrere inesauribile del tempo che lui sta sprecando pensando solo al lavoro, da bravo stacanovista.

Oggi la gestione del tempo è diventata una delle principali cause di stress dell'era contemporanea. La tecnologia sempre più pervasiva entra nelle nostre vite sottraendoci il tempo che prima avremmo speso per fare altri gesti analogici. I social media, in particolare, ci inducono a pubblicare costantemente nell'arco della giornata vari attimi delle nostre quotidianità e ci obbligano così a un impegno notevole di attenzione. Se non pubblichiamo, stiamo comunque attaccati allo schermo per seguire le vite degli altri e rispondere alla miriade di sollecitazioni che ci arrivano.

Le persone controllano il proprio cellulare ben 58 volte al giorno e in media passano 3 ore e 15 minuti al giorno (49,4 giorni all'anno) al telefono. I titolari di aziende spendono il 32% del loro tempo in e-mail e navigazione sul web. Questi sono alcuni dei dati emersi nel Gitnux Market Data Report 2024. Oltre a ciò, Chris Bailey suggerisce che l'aspettativa di vita media sia intorno agli 80 anni ma il tempo che dedichiamo a compiti necessari come il lavoro e il sonno può lasciarci solo 17 anni e mezzo di tempo libero.

Da questi numeri si può capire quanto sia urgente iniziare a riflettere sulla propria gestione del tempo e correre ai ripari con delle azioni correttive che ci possano limitare nell'utilizzo smodato di dispositivi attraverso i quali perdiamo tempo, attenzione ed energia.

Chi si ferma è perduto: quante volte lo hai sentito dire?

> **È da quando ho coscienza che mi dico**
> **che non c'è tempo da perdere,**
> **ma questo mi porta costantemente**
> **a correre, correre, correre**
> **per raggiungere obiettivi**
> **sempre più ambiziosi.**

È la dannata deformazione della società della performance di cui facciamo parte e, purtroppo, è del tutto normale.

Se ripenso a uno dei tanti animaletti da compagnia che ho avuto in casa durante gli anni di scuola, un criceto, talvolta mi sento un po' come lui quando correva sulla sua ruota, solo che a differenza sua che dopo un po' scendeva e si riposava io invece sento di correre affannosamente dietro gli impegni senza mai darmi tregua. E quando non sono gli impegni, corro dietro al tempo che non basta mai.

«Servirebbero almeno il doppio delle ore in una giornata per riuscire a fare tutto» dico spesso.

Nel tempo mi sono reso conto che questa abitudine di correre però non era altro che questo: un'abitudine, appunto, che era stata interiorizzata e che è dettata da imperativi professionali e personali o dai sensi di colpa che le persone attorno a me, la società o io stesso mi facevo e faccio ancora venire. Ad esempio, ho sempre fatto e faccio ancora molta fatica ad accettare le giornate svogliate o in cui non riesco a dare il massimo per completare tutte le attività che devo portare a termine, risultato? Il mio calendario è sempre pieno zeppo di cose da fare e la lista non finisce mai e questo, purtroppo, è il problema frequente dell'imprenditore.

A tal proposito, ho trovato simpatico il termine utilizzato in un articolo di Ansa che definisce la generazione dei giovani con il termine «Generazione ansia», perché in realtà questo termine potrebbe essere adoperato per accomunare tante persone, lavoratori e lavoratrici di qualsiasi età, non soltanto i giovani così come non soltanto gli imprenditori. La generazione ansia è quella generazione di chi corre costantemente con l'ansia di non arrivare in tempo. Di non avere mai abbastanza tempo.

Le volte in cui mi fermo davvero, tendenzialmente perché esausto, mi chiedo come mai mi costringa a fare così tante cose e tutte subito. Forse perché, come ogni imprenditore, sono morso dalla passione che non mi lascia scampo o forse perché le aspettative che mi creo e che gli altri ripongono in me in realtà sono troppo lontane per essere raggiunte.

Una cosa è certa, come imprenditore sento costantemente addosso il peso di ciò che gli altri vorrebbero che io facessi o di come vorrebbero che lo facessi. È un serio problema per chi porta avanti un'azienda o un'attività: tutti, dal collaboratore a quello che non ha mai lavorato nella vita, sono pronti a dirti come avresti potuto o dovuto fare ciò che hai fatto e, puntualmente, te lo fanno sapere a fatti ormai avvenuti, quando commentare è troppo facile per chiunque. Siamo tutti bravi a criticare a posteriori, meno quando dobbiamo fornire consigli realmente utili e costruttivi in anticipo. Questo genera un costante senso di confronto e una maniacale ricerca della versione migliore che in alcuni casi può far ricadere la persona in loop decisionali e *overthinking*, ed è questo il reale problema.

Ti racconto cosa intendo con un esempio. Qualche mese fa mi sono ritrovato a gestire una situazione critica in azienda e ho dovuto allontanare non una, non due ma ben tre persone che avevano adottato in più occasioni atteggiamenti che potevano mettere a serio rischio la reputazione e l'immagine aziendale. Poteva essere una situazione evitabile, ma affrontare in maniera costruttiva la questione le volte precedenti non era bastato, così eravamo arrivati al punto in cui non era più possibile andare avanti. Allontanare qualcuno però, specialmente quando si tratta di lavoro, è dannatamente complicato e nell'affrontare la situazione ci sono due tipologie di persone: quelle poco empatiche, egoiste e generalmente chiuse che non pensano al modo migliore per farlo e quelle che sono l'opposto. Io faccio parte del secondo gruppo e prima di agire ho cercato in persone più navigate di me o semplicemente con modi di vedere le cose differenti spunti, idee e consigli per agire nel modo più delicato e rispettoso possibile. Ho pensato tanto a come farlo nel modo perfetto, ma non trovandolo alla fine l'ho fatto nel modo che reputavo giusto, ed è in quel momento che mi sono sentito dire frasi tipo: «sì ma l'avrei fatto in un altro modo se fossi stato al posto tuo» o «questo potevi dirlo meglio». Solo che raramente arrivano da chi te le dice perché desidera tirare fuori il meglio da te.

Situazioni come questa prese singolarmente possono sembrare «innocue», anzi positive per lo sviluppo e la crescita personale, tuttavia quando si ripetono con frequenza nel tempo creano complessi di inadeguatezza. Per l'imprenditore, la vera sfida è quindi non perdersi in un percorso in cui tutti dicono da che parte andare.

Poi bisogna considerare che al peso dell'aspettativa degli altri si somma l'aspettativa personale che ci auto imponiamo, la quale richiede di essere produttivi e sul pezzo in ogni momento e così va a finire che faccio fatica a prendermi qualche spazio libero senza pensare al lavoro, ai clienti, alle scadenze, alla presentazione che dovrei preparare, alle mille cose che dovrei fare oggi o domani per rimanere al passo con le mie aspettative e quelle altrui.

Solamente a oltre due anni di distanza da quando ho fondato l'azienda mi rendo conto di essere in questa maratona e ho capito tante cose. Una di quelle che cerco di tenere sempre a mente, ad esempio, è che il tempo se lo vogliamo trovare c'è sempre, in realtà. Lo abbiamo sotto ai nostri occhi ogni secondo della nostra vita. Bisogna solo imparare a gestirlo, a dare le giuste priorità, a capire quando è necessario smettere un'azione per iniziarne un'altra, cogliere un respiro d'arresto.

Ci sono degli aspetti pervasivi delle nostre esistenze che possono rallentare la nostra produttività e intaccare il nostro quieto vivere arrecando maggiore stress. Tra questi, sicuramente il costo del *multitasking* e la dipendenza dalla tecnologia non possono essere ignorati. Penso che per quanto riguarda il *multitasking* si potrebbe scrivere un libro a parte per la complessità dell'argomento. Più che riguardare la capacità di occuparsi di tante cose nello stesso momento, sembra essere diventato infatti la norma e persino un vanto per qualcuno. Sempre più spesso nei curricula viene rimarcato tra le *soft skills* e ogni volta che mi capita di guardarne perché devo trovare una nuova persona da inserire nel mio team puntualmente lo ritrovo, ma siamo sicuri che sia un atteggiamento veramente positivo? O meglio, utile? Anzi siamo sicuri che sia realmente una competenza?

A pensarci bene, se devi occuparti di tante cose nello stesso momento la tua concentrazione irrimediabilmente sarà spacchettata in piccoli pezzi, frammentata. Io ne so qualcosa perché l'imprenditore, quando è nei suoi primi anni di attività, per definizione è «obbligato» a fare più cose diverse assieme, molte delle quali mai fatte prima. A me tocca guardare i curricula, fare i colloqui, scrivere i preventivi, controllare i contenuti, fare meeting con i clienti, trovarne di nuovi e devo persino riflettere su come sviluppare il business. Certo, se si è realmente dediti e concentrati le cose si possono portate a termine nei tempi prestabiliti, ma con il passare del tempo ho realizzato che è necessario mettere in conto il fatto che una parte non sarà fatta come avrebbe dovuto. Questo perché se la tua attenzione non è focalizzata soltanto su un compito alla volta, ma su almeno dieci allo stesso tempo, si riduce. Personalmente mi sto rendendo conto sempre di più che il *multitasking* è in realtà dannoso, non solo per il completamento delle attività ma soprattutto per la mia salute mentale.

Mi arreca fatica occuparmi di tante cose concentrate nelle stesse ore della giornata e non sono più in grado come all'inizio di saltare da una cosa all'altra senza avere il tempo di rifiatare, e la conseguenza più pericolosa di questo modus operandi è la noia, non quella positiva data dall'assenza di cose da fare, bensì quella che io definisco negativa perché provocata dalla demotivazione, dalla routine macchinosa e dall'assenza di stimoli.

Eseguire task in continuazione ti fa assomigliare a una macchina quando in realtà il ruolo dell'imprenditore è un altro e completamente diverso: pensare. Senza il tempo di pensare, difficilmente un'azienda può crescere nel futuro.

Spesso mi ritrovo a rispondere a delle e-mail mentre sono in riunione, magari mentre prendo un taxi o sono su un treno e nel mentre faccio zapping da un'app all'altra per cercare i biglietti dell'aereo che sto andando a prendere e mi accerto che sia in orario per riuscire a fare tutto. Sai quante volte mi è accaduto? Oppure sto al telefono mentre mi alleno, mentre cucino o mentre faccio tutt'altro e nel mentre mi arriva una notifica, che inoltro a qualcuno. Ma perché ci riduciamo a questi ritmi folli? Lo facciamo per essere e sentirci più produttivi, solo che questa è l'antitesi della produttività. Spezzettare il tempo in svariate attività contemporanee ci fa sentire costantemente sopraffatti e improduttivi perché, in fondo, abbiamo la sensazione di non avere mai abbastanza tempo per fare tutto. Ma il tempo c'è.

Per evitare tutto questo diventa quindi essenziale imparare a focalizzarsi su una sola attività alla volta, praticare la meditazione per aumentare la concentrazione ed evitare la tentazione di saltare da un argomento all'altro. Io, nella sua semplicità, sfrutto ancora la famosa «tecnica del pomodoro» che adottavo quando studiavo e quando posso divido la giornata in momenti in cui mi focalizzo solo su determinate cose, facendo brevi pause frequenti e limitando però le distrazioni durante le attività. Oppure chiudo il telefono in un cassetto distante dalla mia postazione di lavoro, così da rendere più complesso l'atto di prenderlo in mano per controllare le notifiche e scoraggiarmi dal farlo.

Inoltre, sto anche imparando a dire di no a impegni non essenziali che mi portavano via tempo inutilmente e a delegare responsabilità, cosa che può aiutare notevolmente a liberare tempo prezioso per le attività più importanti.

In merito a quelli che sono poi i dispositivi digitali che ci sottraggono buona parte del nostro tempo, inutile dire che siamo tutti immersi – nel bene e nel male – in un mondo in cui la tecnologia è altamente invasiva e non possiamo farci molto, se non mandare tutti a quel paese e andare a vivere in una baita in montagna. La costante (o quasi) connessione ai social media o alle app del nostro cellulare ci ruba così tanto tempo utile che ogni volta che controllo il tempo di utilizzo non nego che provo un senso di vergogna. E, oltretutto, mette in serio pericolo la nostra concentrazione! Io sono l'esempio vivente di una persona assuefatta dagli schermi e da azioni abitudinarie che ti illudono di fare tante cose per poi accorgerti che non hai concluso un bel niente.

Diventa sempre più urgente sapere imporsi dei limiti chiari o azionare dei timer che ci forzino a chiudere con la tecnologia per dedicarci a ciò che le sta attorno: il mondo reale e la vita offline. Ciò potrebbe anche indurci all'adozione di periodi di vero e proprio «silenzio digitale» durante i quali ci stacchiamo da tutti i dispositivi e ci concentriamo su altre attività. A me è risultato utile pianificare specifici momenti della giornata per leggere e-mail o consultare i social media, ad esempio, evitando di farlo in modo compulsivo senza una regola.

Poi, diciamocelo, quanto è bello sapersi prendere una pausa ogni tanto? Per chi sceglie la vita da imprenditore è una sensazione che, almeno all'inizio, diventa molto rara e ne so qualcosa dato che per troppo tempo non l'ho fatto e ne sto pagando ancora oggi le conseguenze. Parlo di non aver coltivato rapporti sociali o passioni per favorire il lavoro, ad esempio.

Mi rendo conto che ormai sia diventato difficile per chiunque, specialmente per l'imprenditore che identifica il lavoro con la propria vita, avere del tempo veramente libero, e con questo intendo del tempo in cui il lavoro non sia neanche lontanamente presente. Spesso risulta totalizzante, ed ecco che in un attimo, mentre sei in vacanza, ti viene in mente quella cosa che dovevi inviare per e-mail ma che ti eri scordato. So che non è facile uscire dall'abitudine di portarsi dietro il lavoro, lo so benissimo, ma staccare è fondamentale per essere più produttivi e quindi è necessario sforzarsi di farlo.

A tal proposito, penso sia molto interessante riflettere sul fatto che nel mondo frenetico in cui viviamo spesso ci concentriamo esclusivamente sulla gestione del tempo, dimenticando l'importanza della gestione dell'energia.

Organizzare il proprio tempo non vuol dire, dopotutto, conoscere il proprio ciclo energetico? Non voglio risultare astratto, il mio discorso è molto più semplice e concreto di ciò che potrebbe sembrare sentendo parlare di cicli energetici. Per farla breve, il tempo è limitato ed è per tutti uguale, ma l'energia può essere rinnovata e amplificata. La chiave per una gestione efficace del tempo sta proprio nel comprendere i propri ritmi naturali, quelli fisici, e nello sfruttarli al meglio. Ogni persona ha dei momenti durante i quali la sua energia è al massimo e altri in cui diminuisce: per alcuni può essere la mattina, altri invece si sentono più carichi di notte e questi cicli sono chiamati ritmi ultradiani. Scoprire e rispettare i propri ritmi ultradiani può fare quindi una differenza significativa nella produttività e nel benessere generale. Soprattutto per chi è abituato a non staccare mai!

Ad esempio, per quelle persone che sperimentano un picco di energia al mattino dopo una buona dose di sonno la fascia mattutina sarà il momento ideale per affrontare le attività più impegnative e stimolanti mentalmente. Allo stesso modo, quelle che sperimentano un calo di energia nel primo pomeriggio potrebbero usare questo momento per dedicarsi a compiti più leggeri o per fare una pausa.

Bisogna dunque conoscersi meglio e ascoltare i segnali del proprio corpo, mappando i propri bisogni e cercando di assecondarli per non soccombere. La mente non è slegata dal corpo. Anzi, il benessere totale sta proprio nell'equilibrio psico-fisico.

In una società in cui i ritmi solitamente sono dettati da altri, il privilegio di chi come l'imprenditore può organizzarsi le proprie giornate dovrebbe essere quello di massimizzare il tempo e adattare il lavoro ai propri ritmi biologici e non viceversa! Imparare a

> **costruire la mia routine in base ai miei ritmi e anche ai miei limiti fisici è diventato un obiettivo strategico**

che mi prefiggo di raggiungere costantemente per provare a stare meglio ed essere più performante. Quando si impara a camminare non si vorrebbe fare altro, ma ogni tanto ci si deve comunque fermare per respirare, cambiare posizione e ripartire. Così, nella vita, la tensione va allentata e poi ripresa. Questo ho imparato a fare a mie spese.

Da quando ho aperto un'azienda le mie vacanze non erano più momenti di relax, ma una forma di lavoro a distanza. Mi sono trovato in montagna, a partecipare a meeting di lavoro mentre percorrevo una ripida salita che portava a una via ferrata in Trentino Alto-Adige e mi sono ritrovato al mare, su una spiaggia della Liguria a scrivere un preventivo mentre cercavo di vedere cosa stavo digitando sullo schermo a causa del sole. Ho vissuto ogni situazione in cui avrei potuto fare tutto tranne che questo, finché mi sono reso conto che il tempo è troppo prezioso per passarlo solamente lavorando e - a furia di batterci la testa - ho capito un po' alla volta quanto è importante delegare, come farlo e mi sono fidato e ora, finalmente, sto iniziando a ritagliarmi i miei spazi un po' alla volta. Pensaci un attimo: spesso ci sovraccarichiamo eccessivamente di cose da fare senza un reale motivo, ma non si può staccare davvero (ed essere efficienti) se si tiene la spina attaccata.

Mi accorgo adesso che ho speso male così tante ore del giorno e della notte, buttando via tonnellate di attimi che avrei potuto passare con serenità e invece me ne stavo lì, al pc, contando le e-mail inviate o i preventivi completati, attendendo risposte o gratificazioni che tardavano ad arrivare. Per raggiungere che cosa? Alla fin dei conti isolamento e frustrazione.

Impariamo a rispettare il tempo, scegliendo bene come spenderlo e con chi passarlo. Questo è il motivo per cui oggi lo ritengo un bene prezioso e limitato e questo tipo di consapevolezza mi aiuta a gestire in modo diverso e migliore la mia quotidianità. Innanzitutto, sto lasciando da parte il superfluo fissando in agenda degli spazi di tempo libero per me e per la mia vita privata. Se infatti ci fermassimo a pensare quali sono i momenti in cui ci diamo il tempo per fissare le nuvole, pensare alla nostra canzone preferita, camminare da soli concentrandosi soltanto sul rumore dei passi sulla strada, osservare un animale libero, mangiare senza cellulare addosso, scopriremmo a malincuore che tutto ciò non ha un reale spazio nelle nostre vite. Tutto il tempo per noi è annullato a fronte di richieste di attenzione professionale o famigliare. Oppure, ancora peggio, il tempo per noi viene costretto nell'ora di palestra che ci concediamo per sentirci padroni del nostro corpo. Ma tutto ciò non basta: una mente sana ogni tanto deve respirare leggerezza.

Il tempo, se sai spenderlo bene, non ti frega mai.

Anzi, può anche dilatarsi quando lo passi con persone che ti amano e ti trasmettono quelle giuste energie per affrontare i periodi più complicati o quando più semplicemente sei capace di gestirlo e organizzarti. In questi mesi sto facendo pulizia nella mia agenda, eliminando le perdite di tempo e segnando in calendario fasce orarie in cui non sono disponibile per ingannare me stesso ed evitare di riempirle di meeting o impegni. Sto poi affinando ulteriormente questa tecnica segnando

Ognuno di noi dovrebbe
avere il coraggio,
a volte, di ammettere
che non ha tempo
per nessun altro
al di fuori di sé.

come impegnati anche i momenti per gli spostamenti o per la logistica. Segnarmi occupato agli occhi degli altri, ma poi non esserlo è una buona soluzione per costringermi a ritagliarmi momenti liberi solo per me.

Oggi, diversamente da un tempo, mi ascolto di più e quando sento di aver lavorato abbastanza chiudo il pc e vado a farmi una passeggiata. Prima mi sarei sentito profondamente in colpa, ora invece sento di avere la consapevolezza di scorgere con serenità il beneficio di prendermi delle pause e spendere il tempo in modo consapevole.

Il tempo è il nostro spazio vitale, il metro di ogni nostra azione e di ogni nostro pensiero. Come se ci fosse una dimensione oltre alla quarta o alla quinta che ci sovrasta e ci condiziona in ogni nostra scelta della vita.

Sarebbe bello che qualcuno fin da bambini ci insegnasse a gestire il nostro tempo. A scuola non ti insegnano a fare l'imprenditore, ma nemmeno a non buttare via momenti preziosi della vita. Vorrei essere capace di trovare il tempo utile per il mio benessere personale, vorrei rincorrere meno gli impegni e farmi rincorrere di più dal tempo di qualità. Quando avrò imparato finalmente a gestire la mia agenda, sicuramente mi renderò conto di aver tanto più tempo di quello che credevo di avere tra le mani. Dopotutto, quante volte abbiamo pensato: «Lo farei se avessi tempo!». Oggi è ora di andare a riprenderci con forza quel tempo che abbiamo sprecato fino a un minuto fa. Basta volerlo.

05

Stare bene è un lusso?

Fare impresa e avere successo ha un costo. È importante ascoltarsi per evitare il baratro del burnout

*

Da un'indagine sulla salute mentale e il benessere, pubblicata da Il Sole 24 ore, *condotta da Ipsos e promossa dal Gruppo Axa su un campione di 30.600 persone di età compresa tra i 18 e i 74 anni in 16 Paesi, risulta che l'Italia, insieme al Giappone, presenta la più bassa percentuale di persone che avvertono uno stato di pieno benessere mentale. I soggetti più esposti al rischio sono le donne e i giovani, che subiscono le conseguenze di un utilizzo spesso eccessivo di tecnologie e social.*

Lo stress è un elemento centrale dell'assenza di benessere mentale e sembra che in molti casi venga sottovalutato tanto da arrecare problemi più seri, se non curato adeguatamente.

Da una delle più recenti ricerche condotte sempre da Ipsos per il World Mental Health Day 2023, il 53% delle persone dichiara che lo stress ha avuto un impatto sulla propria vita quotidiana, mentre il 44% di essersi sentito depresso al punto di essere triste e il 31% dichiara di non essere andato al lavoro per alcuni giorni per colpa dello stress.

Negli ultimi anni il tema del benessere mentale e dello stress che pervade sempre di più le nostre vite è tornato alla ribalta delle cronache, anche grazie all'impegno di alcuni personaggi famosi che si sono esposti pubblicamente e si sono impegnati a diffondere la cultura del «voler bene alle proprie menti».

Se per secoli il benessere psicologico è stato un tabù tanto da rimanere un argomento top secret in molte famiglie, oggi sembra un tema maggiormente sdoganato. Se ne parla dentro e fuori le aziende, si è imparato a riconoscere l'ansia, lo stress e il burnout *e anche le emozioni sono arrivate a conquistarsi spazio nelle conversazioni.*

Sarò sincero: non avrei mai pensato di scrivere un capitolo sul benessere mentale partendo dal mio e per farlo ho dovuto arrivare al punto che non ne avevo più. Fino a pochi mesi fa, infatti, non lo ritenevo un problema per me e nemmeno un argomento di cui dovevo occuparmi per il semplice motivo che non lo prendevo molto in considerazione. Non per scarso interesse, quanto piuttosto per via del fatto che il malessere che avvertivo sembrava del tutto normale.

Vivevo, facevo cose, incontravo persone, lavoravo senza accorgermi dei miei stati mentali sempre più compromessi per mancanza di empatia verso me stesso. Detta così, sembra che io abbia perso il senno da un momento all'altro, ma in realtà ho solo perso la serenità e l'ho capito quando ormai era troppo tardi, come sempre. Diciamo che «è normale» che accada in quanto non è semplice accorgersi del deterioramento della propria sanità mentale, a volte neanche quando è già avariata.

Da quando ho fondato la mia azienda e ho scelto di essere e di fare l'imprenditore ho iniziato a soffrire di un stress continuo, di una costante sensazione di pressione e soffocamento per via della quantità di pensieri disorganizzati che si accavallavano nella mia testa. Ciò mi impediva di riposarmi quando volevo riposarmi, di rimanere lucido per troppo tempo, di fare anche le attività più semplici senza crollare in uno stato di ansia perenne generata dai pensieri.

Quando apri un'azienda, nessuno ti dice quali saranno i sentimenti conflittuali, le delusioni, le preoccupazioni quotidiane

a cui dovrai andare incontro: esattamente quello che ha affermato il fondatore di Nvidia che ho voluto citare in apertura al libro. Nessun imprenditore è mai onesto completamente nell'ammettere che la nostra professione può essere a volte molto dura e faticosa, perché significa mostrare la propria vulnerabilità e fragilità, mettere da parte l'orgoglio ed esporsi, solo che non è affatto semplice.

Ebbene, io mi sono tuffato con grande incoscienza nell'operatività dei miei impegni e delle mie responsabilità giornaliere, non accorgendomi di quanto mi stessi trascurando come individuo, come persona. Un po' credendo alla favola patinata su quanto sia bella la vita da imprenditore, un po' andando a schiantarmi contro una realtà molto più tosta di quanto me l'avessero raccontata.

Prenderne coscienza non è stato né semplice né automatico. Dal momento in cui ho aperto l'azienda i mesi sono passati, tante cose sono cambiate e io ho continuato a sentire addosso questo malessere diffuso che però non sono riuscito a identificare e di cui erroneamente ho rincorso altrove la causa.

Tutto ciò che dovevo fare per lavoro mi sembrava una fatica insormontabile, tutto ciò che prima mi appassionava ora mi risultava pesante, ingombrante, difficile da gestire. Era come se per alcune cose provassi un senso di rigetto, anche per quelle che avevo svolto sempre ogni singolo giorno, come ad esempio la creazione di contenuti che era stata la mia principale e unica attività per molto tempo quando l'azienda era solo un progetto senza scopo di lucro.

Non stavo bene ma lo ignoravo.

Quando ho cominciato a guardarmi dentro e ad accettare che c'era un problema, allora la prospettiva si è ribaltata completamente. A volte bisogna avere il coraggio di guardarsi allo specchio e ammettere a sé stessi che non si sta bene.

Finalmente riuscivo a visualizzare il mio problema, chiamavo per nome il mio malessere. Alcuni lo chiamerebbero *stato di burnout;* altri *esaurimento.*

Ho recentemente ascoltato un'interessante puntata di un podcast in cui il *burnout* – che letteralmente significa «bruciato», «scoppiato» – viene definito come la sindrome più diffusa del nostro tempo ed espressione del sistema capitalista che chiede sempre di più ai singoli. Quando una persona cade in uno stato di grave *burnout* non riesce più a prendersi cura degli altri e di sé stessa ed è spesso inabile al lavoro e allo svolgimento di mansioni che fino a prima erano routinarie. Ho visto per la prima volta gli effetti di questa cosa su una persona a me cara che dopo essere caduta in esaurimento nervoso è stata invitata dalla sua stessa azienda che l'aveva fatta cadere in quello stato a stare in malattia oltre un anno perché non era più in grado di approcciarsi al suo lavoro. A essere sincero all'inizio facevo molta fatica a capire come fosse possibile finire in una situazione simile e vedere che fosse considerata al pari di una malattia, almeno finché non ho provato la stessa sensazione terribile quando ho sentito sulla mia pelle la repulsione per le attività che prima svolgevo con entusiasmo o quando mi sono reso conto che certe cose neanche riuscivo a pensare di farle, perché la sola idea mi generava pressione. Mi ricordo perfettamente il periodo in cui ho iniziato a rendermene conto: era gennaio e stavo vivendo giorni molto stressanti per via dell'allontanamento della mia socia dall'azienda. Dovevo prendere in carico un sacco di attività delle quali non avevo mai avuto modo di occuparmi e nel mentre cercavo di mettere ordine al caos che avevo in testa, in azienda e attorno a me. In questo contesto di forte pressione psicologica però a un certo punto mi sono smarrito, avevo completamente perso la visione e l'obiettivo che stavo perseguendo e mi sentivo come una catena di montaggio: eseguivo attività una dopo l'altra, senza pensare e senza fermarmi e alla fine mi è venuta la nausea. Ricordo che a poco a poco sono diventato sempre più lento, sempre più distratto, sempre più svogliato anche nelle attività che invece svolgevo già da prima e che mi piacevano, come ad esempio creare contenuti, registrare video o preparare presentazioni per i miei speech. Lo stesso l'ho provato per attività molto meno complicate e provavo senso di rigetto pure nel rispondere a una mail, perché la sola idea di aprire la casella di posta mi generava ansia. Da questa sensazione sono passato poi a uno stato generale di improduttività, demotivazione e, infine, apatia: tutto era piatto, noioso, spento. Ero io a essermi spento, e per una persona che ha un'azienda capisci bene che è un problema.

Ma come ci sono finito in questa situazione? In *burnout*? Con il tempo, ho capito che a questa situazione ci arrivi gradualmente e la difficoltà sta proprio nel rendersene conto, dato che spesso quando ci si finisce è troppo tardi.

Talvolta chi soffre di questo stato di malessere mentale, infatti, non se ne rende conto del tutto finché qualcuno da fuori non lo tira per il colletto e lo fa ragionare sul suo stato psicofisico. Per l'imprenditore, che per definizione è solo e convive con la solitudine abituato a risolvere le difficoltà e i problemi da solo, è ancor più complesso e ci sono imprenditori che in questo stato ci rimangono per tutta la vita, incapaci di comunicare il proprio malessere e di chiedere aiuto.

Io da questo punto di vista sono stato fortunato. I campanelli d'allarme c'erano tutti, ma senza la sensibilità e i segnali lanciati dai miei cari o dagli amici avrei fatto forse più fatica a rendermene conto. Ho iniziato a realizzare che forse era il caso di farmi aiutare un giorno in cui la mia compagna mi disse che mi stavo rifugiando in una bolla che mi isolava da tutto il resto ed è per questo che mi sentivo solo ad affrontare le sfide, mi stavo auto-isolando. Quell'osservazione mi fece molto riflettere perché mi aiutò a spostare il focus del problema dal lavoro a me stesso. Ero io ad auto-isolarmi, ero io a non pormi limiti e a lavorare fino allo sfinimento, ero io a essermi condotto in *burnout*. Ed ero io che continuavo a volere che gli altri rimanessero fuori dal mio mondo e dai miei problemi: stavo impedendo a chiunque di aiutarmi perché pensavo di cavarmela da solo, come ho sempre fatto nella vita. E poi l'imprenditore, come detto, è e sarà sempre solo, quindi era una questione personale.

A poco a poco, però, mi sono aperto e convinto che gli altri potevano rivelarsi per me una fonte inesauribile di consigli, aiuti e sostegni. Ho sentito intorno persone capaci di indirizzarmi verso scelte a volte dolorose, ma necessarie. Ho riscoperto l'importanza della rete di contatti virtuosi che negli anni avevo messo in piedi e di *mentori* che sono sempre rimasti al mio fianco pronti ad ascoltarmi.

Non si sottolinea mai abbastanza la necessità del sostegno di amici, conoscenti, amici degli amici per la costruzione di una barriera di sostegno che possa aiutarci a superare momenti di difficoltà, ma anche a vederci con gli occhi degli altri. Perché – è proprio vero – finché non te lo dicono gli altri, non ci credi fino in fondo.

Quando ho individuato il problema e ho deciso che avrei provato a seguire un percorso con uno psicologo, ho potuto finalmente focalizzarmi sui problemi che dovevo risolvere per stare bene, e dal momento in cui ho iniziato a guardarmi dentro ho anche compreso quanta accortezza e maturità servano per affiancare una persona che soffre di esaurimento, di forte demotivazione, di snervante stress per aspettative troppo alte e pressanti. Spesso il malessere non ha un'evidenza negli atteggiamenti di tutti i giorni: alcune persone da fuori possono infatti sembrare assolutamente in equilibrio ma vivere al loro interno un grande malessere.

Prendo un esempio qualunque: ci sono artisti che nelle proprie canzoni affermano di odiare la fama e la propria vita e sembra difficile da credere, dal momento che hanno esistenze ricche di privilegi. Eppure, a ben pensarci, è possibile che vi sia un disallineamento tra ciò che appare da fuori e ciò che veramente è. Nonostante uno stile di vita apparentemente fortunato, queste persone (che sono umane come tutti noi) provano frustrazione, solitudine, forte stress, perché più privilegi hai, in un certo senso, più problemi devi risolvere. Lo stesso discorso si potrebbe fare per l'imprenditore, la cui vita può sembrare estremamente più fortunata e agiata di quella di tanti altri ma in realtà non è così e più è grande ciò che ti ritrovi a gestire, più sono i problemi che devi affrontare.

Ciò che traspare all'esterno non conta nulla, perché soltanto entrando nel profondo di una persona se ne possono cogliere i turbamenti.

Anch'io - come tutti - cerco di mostrare la versione migliore di me e di indossare i panni dell'imprenditore e del professionista in gamba, sorridente, brillante e performante e allo stesso modo cerco di accontentare le aspettative, pure quelle dei miei stessi collaboratori e dipendenti, per esempio rispondendo sempre nel modo migliore possibile e fornendo sempre feedback costruttivi, cosa che potrà sembrare banale o scontata ma che in realtà è estremamente difficile quando hai passato una giornata del cazzo o il tuo umore è sotto terra.

Devo quindi preoccuparmi delle aspettative di chi

mi osserva dall'esterno, mostrandomi sempre sul pezzo anche nei giorni «no» in cui non ne ho voglia e in un certo senso le persone se lo aspettano, ma quanto mi piacerebbe sentirmi libero di essere anche io «umano» è difficile dirlo. Anche perché dietro a questa corazza rimango comunque pur sempre una persona.

Sarebbe anche ora di sfatare il mito dell'imprenditore che resiste a tutte le intemperie rimanendo impassibile,

dell'imprenditore forte che sta al di sopra di tutti e tutto, capace di controllare ogni situazione. Gli imprenditori sono persone che, come tutte le altre, cadono e hanno momenti di notevole sconforto. Lo mette in luce perfettamente il film *I peggiori giorni* di Massimiliano Bruno e Edoardo Leo in cui, in uno dei tre atti in cui è diviso, l'imprenditore Stefano Mazzuccato entra un giorno nell'ufficio della sua azienda e trova Antonio, un ex lavoratore di Stefano licenziato, che lo minaccia pretendendo la sua liquidazione. Ne nasce una discussione in cui Antonio accusa Stefano di essere un imprenditore privilegiato ed egoista e, dal suo canto, Stefano racconta la sua drammatica situazione, i debiti e i sacrifici fatti che lo hanno portato a recarsi in ufficio per suicidarsi. Da questo dialogo emerge in modo chiaro e limpido la considerazione distorta dell'imprenditore di cui ho già parlato: avaro, egoista, che si approfitta del lavoro di altri per fare soldi senza lavorare – considerazione smontata però dalla realtà, che evidenzia invece una persona come tante, un lavoratore che si spacca la schiena come ogni altro per portare a casa il pane. Alla fine del racconto, Stefano e Antonio si sentono così simili che decidono di suicidarsi insieme.

E quindi, come probabilmente accade in alcuni giorni ai miei collaboratori, anche io a volte mi sveglio e non ho voglia di fare un bel niente. Capita a ogni lavoratore. Andrei volentieri a farmi un giro senza dover pensare a mille cose da fare, attività da chiudere e progetti da consegnare, agli stipendi da pagare, ai clienti che stressano ingiustamente, alla famiglia che vorrei vedere più spesso, agli amici che si lamentano della mia assenza… Eppure, devo farmi forza. Per sopperire alle mie responsabilità e al fatto che sono a capo di un gruppo di persone che lavorano con e per me, non posso permettermi di mollare tutto e starmene a casa dal lavoro: a volte non vorrei fare altro che essere tranquillo lontano da tutti, ma la mia posizione mi impedisce di chiudere il pc e sparire per settimane intere quando delegare non è possibile. Sono io tiranno di me stesso? E se sono io, come posso fare per trovare il punto giusto per non perdere l'equilibrio e cadere?

Questo fatto è difficilmente comprensibile da parte di tutte quelle persone che non hanno mai sperimentato la professione di imprenditore. Non voglio dire che essere dipendente sia indubbiamente meglio, perché a ogni cosa ci sono pro e contro, ma una cosa è certa:

> **noi imprenditori non possiamo chiedere a nessuno giorni di pausa, permessi garantiti, aspettative dal lavoro.**

Possiamo prenderceli liberamente, questo è vero, ma è una libertà che a volte è soltanto apparente. Non abbiamo questo lusso che è il vero lusso, al contrario di quel che si può pensare. Ciò che ci rimane da fare è soltanto trovare il giusto compromesso per stare meglio, ma questo implica dover sopportare quotidianamente il peso delle responsabilità e delle continue sollecitazioni a cui dobbiamo dare risposta. Se fossi un oggetto, credo che a volte sarei una pentola a pressione che è pronta a scoppiare ma non deve e non può per nessuna ragione al mondo.

Sarà un caso? Tempo fa ho preso parte a un progetto di un illustratore, Nicola, che per inaugurare un format di eventi ha voluto invitarmi a casa sua insieme ad altri professionisti tutti differenti per età, ruolo e interessi con lo scopo di dipingere. Dovevamo rappresentare con pennelli e tempere una metafora che potesse raffigurare al meglio un nostro tratto della personalità e io ho disegnato una granata su uno sfondo di colori sfumati, a simboleggiare lo stato di perenne tensione che provo.

Ogni tanto per far fronte al fardello mi piacerebbe annoiarmi, stare tranquillo senza grilli per la testa o troppe preoccupazioni, ma in fondo, se ci rifletto bene, è dalla noia che tutto è iniziato. Mi annoiavo a scuola, tra i miei coetanei, tra i ragazzi che a vent'anni aspirano al divertirsi e alle serate in discoteca. Mi annoiavo tra le persone che mi dicevano cosa dovevo fare senza apprezzare mai il mio lavoro, ma sfruttando per quanto potevano le mie energie e competenze. Proprio io che fuggivo la noia, ora ogni tanto vorrei ritrovarla. Eppure, non va di moda ammettere neppure questo, nonostante la noia sia tra le più preziose risorse che abbiamo. La noia porta alla creazione, alle idee.

Siamo tutti pervasi dalla *F.O.M.O.*, la paura di perderci qualcosa. Se qualcuno si prende il lusso di annoiarsi viene immediatamente additato come un fannullone perditempo che sta sprecando i suoi giorni migliori e non c'è nulla di più sbagliato. Se penso a quante volte mi sono ripetuto in testa che non potevo staccare e dovevo continuare a produrre altrimenti mi sarei sentito un passo indietro, perdo il conto. La verità?

Tutte le volte che ho fatto volare i pensieri senza stress e prendendomi il giusto tempo per riflettere, riposare la testa e innescare la fantasia, ho maturato le cose che oggi reputo veramente importanti e

la mia stessa azienda è nata proprio così, dalla noia.

Al contrario, la sovrastimolazione spegne qualsiasi idea perché per concepire idee brillanti è necessario che si creino degli spazi vuoti, dei buchi da riempire con fantasia, creatività e immaginazione. Che poi, alla fine, forse è questo il vero lavoro dell'imprenditore: pensare. Non il saper fare qualsiasi cosa.

La saturazione a cui siamo sottoposti tutti i giorni è molto tossica e altamente controproducente. Prenderci spazi vuoti per riempirli di qualcosa che ci gratifica dovrebbe essere una priorità, invece oggi chi si può

Le migliori idee
spesso nascono
dai momenti di noia,
quelli in cui sentiamo
la necessità di riempire
il vuoto dei pensieri.

più permettere momenti morti e sgomberi da impegni incessanti e urgenti?

Abbiamo menti e corpi saturati da informazioni, da cose da fare, da impellenze e non ci concentriamo mai su quello che conta veramente, cioè il nostro benessere.

Ultimamente ho provato a mettere in pratica delle azioni svuota-pensieri che mi permettessero di tornare a volermi bene come persona, prima ancora che come imprenditore. Sorprendentemente ho scoperto una cosa particolare a cui non avevo mai fatto caso: pulire e riordinare casa mi solleva dalle ansie e dai pensieri ed è diventato a tutti gli effetti una sorta di hobby, anche se tra tante virgolette. Il motivo è che facendo i mestieri sto concentrato per un'oretta a fare qualcosa di manuale che non soltanto mi aiuta a non pensare, ma devo dire che mi dà anche una soddisfazione immediata. Riordinare, inoltre, è una sorta di espressione fisica di una necessità più profonda, ossia riordinare i pensieri e il caos che ho in testa: dunque, fare ordine nello spazio attorno a me mi aiuta a fare ordine anche tra i pensieri.

In questo modo sto pure ritrovando il gusto di fare piccole cose che prima trascuravo completamente. Si dice che se si vuole cambiare il mondo bisogna partire dal rifarsi il letto, ad esempio, e anche io ogni mattina mi sveglio e prima di precipitarmi al computer lo rifaccio, non prima di essermi preso dieci minuti per gustarmi un caffè con lentezza e tranquillità. Non mi faccio inquinare dai pensieri o dagli impegni che mi stanno alle calcagna, ma mi sto sforzando di concentrarmi su una cosa alla volta.

Allo stesso modo, ho riscoperto il piacere di cucinare i pasti con una certa cura anche quando sono da solo in casa. Prima sgocciolavo una scatoletta di tonno in un'insalata e finivo per mangiarmela davanti alla tastiera del pc, fissando lo schermo o magari stando in qualche meeting. Ora mi prendo il tempo per mangiare e per cucinare un pasto vero e proprio, non a caso ho inserito uno slot nel mio calendario dedicato proprio a questo. Sembra assurdo fissare tra gli impegni anche quello di mangiare, eppure al giorno d'oggi bisogna accettare che non è più scontato.

Un'altra azione che mi aiuta a distendere i nervi è camminare. Quando sono nervoso e non ho voglia di pensare ad altro, inizio a percorrere chilometri ovunque io mi trovi e ciò mi arreca una pace infinita. Sono tutte piccole cose che prima davo per scontate e non mettevo nemmeno nella lista di quelle indispensabili, oggi mi aiutano a ritrovare me stesso.

Le piccole cose allietano: apparecchiare la tavola anche quando mangio da solo a casa, non lavorare in mezzo al caos ma su una scrivania ordinata, suonare la chitarra sul balcone, guardarmi un film senza accendere il cellulare, staccare dai social per un intero weekend… Tutto questo mi sta aiutando a ritrovare me stesso e una sorta di equilibrio che possa farmi vivere in pace con me stesso. Un imprenditore per guidare la propria azienda e la propria vita al meglio ha bisogno di queste cose.

A volte ricado comunque nell'oppressione mentale e irrimediabilmente mi sento di nuovo poco produttivo e perso: sembra di essere seduto su una montagna russa. È una montagna russa emotiva, come mi piace definirla. Ci sono giorni in cui mi sento sollevato e altri in cui invece passo ore davanti al pc con la testa ciondolante cercando di portare a termine semplici azioni, che però non mi riescono. E tutto ciò aumenta la mia paura di sprecare il tempo utile e fa risvegliare in me l'io imperativo. Quando oggi mi sento improduttivo (e capita ancora molto spesso) mi rifugio nel conforto delle persone a me care, un tempo mi sarei accanito su di me obbligandomi a rimanere operativo nonostante la poca concentrazione. Ora, al contrario, mi sforzo di uscire di casa, di spegnere il pc e pensare ad altro, accettando che a volte non riesca a fare tutto ciò che vorrei come vorrei.

Mi riservo delle spinte gentili, delle pacche sulla spalla che prima non mi davo. Non tutto viene per nuocere, neppure la svogliatezza:

> **bisogna imparare ad ascoltarsi anche nei momenti di poca voglia e poca passione.**

C'è poi un altro sintomo che negli ultimi tempi mi ha molto preoccupato e spinto a volermi maggiormente bene. Mi sono infatti accorto di dimenticarmi molto facilmente le cose e non per semplice memoria corta, ma per via dello stress e dell'*overthinking*. Mi è capitato di parlare con persone e dopo poco di non ricordare ciò che avevo detto o fatto. È terrificante, credimi, ma queste continue dimenticanze hanno iniziato a farmi riflettere, soprattutto un giorno in cui avevo un meeting con la mia assistente. Era un pomeriggio d'inverno e ricordo che dopo la nostra chiacchierata le posi una domanda, la sua risposta mi lasciò di sasso: «Lorenzo, ne abbiamo parlato quindici minuti fa, ricordi?». Cazzo no, non me lo ricordavo. La stessa cosa altre volte è accaduta con la mia compagna, la quale mi diceva cose che mi dimenticavo e le richiedevo dopo qualche ora. È difficile spiegare la sensazione che si prova in questi momenti.

Ma com'è possibile, perché dimentico le cose? Sono anche arrivato a chiedermi se c'entrasse l'Alzheimer quando in realtà avevo solo bisogno di decomprimere il cervello dal troppo stress. Da quando ho iniziato a rifletterci ho scoperto che in realtà bastava meno di quel che pensassi: migliorare il sonno prima di tutto e impostare le priorità in modo diverso. Oggi sto riscoprendo il valore di tutte queste cose e la più grande scoperta è che non importa il ruolo che ricopri, l'età o la condizione, perché è molto più semplice di ciò che si pensa. Tutto parte dall'osservazione di sé, il resto è una conseguenza.

06

Tutti indossiamo una maschera, ma quando cade che succede?

*Se fondare un'azienda è un'idea del c***o, perché sacrificarsi per fare questo mestiere?*

*

Dopo aver affrontato gli aspetti dolorosi e poco felici del fare impresa, vorrei soffermarmi anche sul perché in fondo continuo a fare quello che faccio ogni giorno e insisto nel portare avanti la mia azienda, che poi coincide con la mia necessità e il mio desiderio. Probabilmente te lo sei chiesto anche tu durante la lettura di questo libro: «Ma cosa lo fa a fare?». Mi sono sentito rivolgere questa domanda un sacco di volte e dato che questo libro lo interpreto un po' come il viaggio interiore dell'imprenditore voglio chiedermelo e rispondermi qui, per iscritto: perché faccio l'imprenditore nonostante tutto quel che ho raccontato finora?

Se si mettono da parte le difficoltà, ci sono tante valide motivazioni, ma sicuramente la prima è che

> **è un percorso di formazione e crescita personale e professionale assolutamente impareggiabile.**

Mi ritrovo quotidianamente a imparare cose che fino al giorno prima non conoscevo o di cui ignoravo l'esistenza, e questo perché per condurre un'azienda vengo a contatto con persone, professioni e professionisti diversi e mi ritrovo a gestire situazioni inaspettate. Devo fare spesso ci necessità virtù: non esistono scuse o «non lo so fare» che possano impedirmi di farlo.

Non sapevo come monitorare il flusso di cassa ma ho imparato quando non c'è più stata la mia socia a occuparsene.

Non avevo idea di come fare un'offerta personalizzata per un'azienda che aveva richieste molto particolari ma ho imparato per conquistarmi quel cliente.

Non ero in grado di usare il programma di emissione delle fatture ma ho imparato quando mi sono trovato senza una persona che si occupasse dell'amministrazione.

Non ero capace di eseguire delle campagne di acquisizione clienti ma ho imparato quando avevo bisogno di trovarne di nuovi e non c'era chi potesse occuparsene.

Ci sono tantissime cose che non sapevo fare, che mi spaventavano e che sembravano per me insormontabili, poi però ho fatto un bel respiro e ho imparato. Fermarsi davanti a una difficoltà, a un limite o a un ostacolo può significare non acquisire un cliente, perdere soldi o, in alcuni casi, chiudere baracca e questo per l'imprenditore non è lontanamente neanche concepibile.

Nonostante ci sia chi ne scrive, la verità è che non c'è un manuale completo dell'imprenditore che tu possa consultare e riporre sul comodino alla sera, è un lavoro che principalmente impari sul campo, facendo. E se non hai la fortuna di essere affiancato da qualcuno che ricopra il ruolo di mentore dipende tutto soltanto da te.

Il concetto alla base del lavoro dell'imprenditore per me è *learning by doing*. Questo è il mantra della mia vita. D'altronde non sono una persona teorica quanto piuttosto pratica.

Tutto quello che so fare, infatti, l'ho imparato strada facendo e senza manuali di istruzioni, senza paracadute, senza scuse a cui aggrapparmi o corsi che mi abbiano insegnato a farlo.

L'università, per esempio, nel mio caso mi ha offerto un'importante conoscenza di base e mi ha concesso uno spazio in cui mi sono potuto muovere e nel quale ho potuto sperimentare e scoprire, mi ha quindi dato il background generale, ma il resto l'ho scoperto facendo. Oggi che ho un'azienda me ne rendo conto spesso nel momento in cui sbaglio, perché non ci sono responsabili delle decisioni sbagliate al di fuori di me.

È forse un caso che fin da bambino adorassi realizzare costruzioni e creare cose con le mie mani? Componevo i Lego finché qualcosa sotto ai miei polpastrelli non prendeva forma e molto spesso finivo per costruire cose immaginarie, inventate o comunque diverse dalla figura che si trovava sulla scatola o nelle istruzioni. Creavo nel vero senso della parola, non rispettavo mai gli schemi e le indicazioni e quindi davo vita a oggetti, forme, sagome totalmente inventate. Più che creare, inventavo. Così ho fatto con la mia azienda e con qualsiasi altra cosa abbia costruito nella vita aggiungendo, ogni giorno, un mattoncino in più sopra a quello che avevo posizionato in precedenza. È splendido vedere che una semplice idea prende forma, è goduria assoluta e quando poi genera ricchezza per te stesso o altre persone è come un piccolo sogno che si avvera. Questo è per certo un altro valido motivo per continuare a fare impresa: la consapevolezza che la mia occupazione principale ruota attorno a qualcosa che ho creato io, con le mie mani, e che devo continuare a crescere e a nutrire per permetterle di sopravvivere. La soddisfazione che mi dà questo pensiero non può essere in alcun modo spiegata, né paragonata a nient'altro che abbia mai provato.

Certo, nella maggior parte dei casi farlo è estremamente difficile, ma bisogna anche considerare che è un investimento prezioso per il futuro il cui ritorno, in termini di crescita e miglioramento, è veramente notevole. E poi è rivendibile!

Se la mia azienda chiudesse domani, o fallisse tra qualche anno, io avrò comunque fatto un'esperienza di vita che mi avrà cambiato in meglio, mi avrà fatto crescere in modo esponenziale, mi avrà insegnato una strada, un metodo, una possibilità in più per affrontare la complessità del lavoro e che, infine, mi avrà dato una maggiore credibilità a livello curricolare che mi renderebbe appetibile sul mercato del lavoro.

Fare impresa è una sfida a ostacoli, una prova che ti mette a confronto con i tuoi limiti. In altri termini,

ogni impresa è un grande romanzo di formazione, è la favola di un Pollicino che impara

a ritrovare casa propria superando tutte le asperità della vita.

Essere imprenditore significa anche imbattersi in tantissime scelte da fare in tempi molto ridotti, e significa gestire il peso della responsabilità che ciascuna di queste scelte implica: ogni giorno i sentieri si spalancano davanti a noi come enormi voragini e siamo chiamati a decidere in che direzione andare. Come al timoniere è richiesto di tenere la rotta, a noi imprenditori è richiesto di rimanere in equilibrio prendendo non le scelte migliori o quelle che mettono d'accordo, bensì quelle giuste. Nel tentare di farlo al meglio delle nostre possibilità inevitabilmente siamo obbligati a studiare, informarci, imparare a fare cose noiose e difficili, uscire continuamente dalle nostre zone di comfort per rimanere fedeli all'obiettivo più alto: far prosperare l'azienda che abbiamo visto nascere e, possibilmente, farlo rendendo tutti soddisfatti, anche se non sempre è possibile. Steve Jobs disse una frase bellissima a proposito: «Se vuoi rendere tutti felici non essere un leader, vendi gelati». E bene così.

Come ho detto, anche io prima di aprire la mia società non sapevo leggere un bilancio, non sapevo fare una fattura, non sapevo cogliere le cosiddette *red flag* per capire quali clienti fosse meglio evitare, non sapevo gestire un team di persone senza avere nessuno sopra di me, non sapevo dare così tanti feedback in modo costruttivo e non sapevo affrontare montagne russe ricorrenti, sbalzi d'umore, cambiamenti repentini di scenario. Eppure, mi sono rimboccato le maniche e, anche grazie a molti errori sulle spalle, ho affrontato le intemperie con tenacia e ancora le affronto, ogni fottutissimo giorno.

La fatica non va tanto di moda in questo secolo, ma è la porta d'accesso verso le reali e autentiche soddisfazioni.

A proposito di fatica e di fare impresa, hai mai letto la frase che trovi nella pagina successiva? L'ho trovata sui social condivisa da un utente qualche tempo fa e trovo che nella sua semplicità sia molto bella ed evocativa.

Leggerla mi fa pensare che in cuor suo nessun'altra persona deciderebbe mai di aprire un'azienda senza essere attratta dalle sfide e dalle difficoltà. Se sei un imprenditore, quando lavori e senti tutto il peso della responsabilità addosso sei anche consapevole che stai facendo la differenza nel tuo piccolo o grande che sia. Sai che - nonostante tu ti sia svegliato annoiato, scazzato o in preda all'ansia - quello che andrai a fare durante la giornata sarà un tassello in più verso un mondo di valore aggiunto.

Le imprese, come i grandi sognatori, sono chiamate a fare veramente la differenza, a lasciare al mondo qualcosa di bello e di costruttivo.

Noi tutti concorriamo verso questo obiettivo più alto che ci incatena e ci fa volare allo stesso momento, ci

Nessuno farebbe
davvero la fila
per delle montagne
russe piatte.

rende succubi e schiavi di noi stessi e del nostro lavoro tanto quanto ci dà libertà e potere.

Forse per colpa dei guru, dei presunti tali, dei mass media pieni zeppi di notizie false, dei racconti più o meno realistici di persone che hanno sfondato guadagnando fama e successo, noi non siamo più abituati a fallire e a cadere. Marracash, artista che apprezzo per i suoi testi, dice in una sua canzone che siamo bravi a cadere ma in realtà il fallimento e l'errore sono ancora difficilmente accettati nella società. Eppure dovrebbero essere considerati come parte fondante del progresso e, dunque, di qualsiasi percorso di crescita, e come stimolo a fare sempre meglio. Penso che ogni tanto dovremmo tenere da parte la vanità e la corsa ossessionata al successo perché ciò che quotidianamente facciamo, anche se domani le cose andassero male e l'oblio ci investisse, ci avrà comunque lasciato qualcosa e ci avrà reso migliori di ieri.

Perciò sì, essere imprenditore è davvero difficile, ma uno dei lati positivi è proprio il fatto che ti stravolge per sempre: in un certo senso,

> **dopo aver fatto l'imprenditore puoi affrontare qualsiasi difficoltà dal punto di vista professionale.**

Facendo questo mestiere sto attraversando un percorso intenso e tortuoso, ma grazie proprio a questo ho imparato, oltre a tutti gli aspetti aziendali che ho citato prima, un sacco di cose che poi si sono rivelate e si rivelano ancora oggi utili anche nella mia vita quotidiana al di fuori del lavoro. Ad esempio, in azienda ho imparato a entrare in empatia con persone tutte completamente diverse e a comunicare in modo efficace le decisioni o i rimproveri, ma anche a esercitare la diplomazia e ascoltare e questo lo applico anche nella mia vita privata con affetti, amicizie, famiglia.

A proposito di questo mi sono spesso sentito nel mio lavoro come il protagonista di un videogioco a livelli. Ogni giorno fai qualche passo in più per passare allo step successivo, ogni tanto perdi e devi ricominciare dall'ultimo punto di salvataggio a cui eri arrivato e ogni tanto trovi un super-cattivo da sconfiggere, ma fa comunque parte del gioco. Da imprenditore non posso decidere di smettere di giocare di punto in bianco come quando giocavo con i Lego da bambino, ma ogni giorno devo accettare la sfida e andare avanti. Questo è senza dubbio un altro motivo che spinge a continuare a farlo, anche perché in un certo senso non c'è altra opzione al di fuori di questa se non chiudere. Ma chiudere un'azienda dopo tutta la fatica fatta per aprirla, come detto, non è contemplabile per l'imprenditore salvo situazioni al limite.

E già che ci siamo parliamo anche di soldi, argomento su cui tre quarti degli imprenditori e delle persone in generale tende a mentire, soprattutto in Italia. Forse ti sarà venuto da domandartelo: faccio impresa per soldi? A pensarci mi viene da sorridere.

Tante persone, forse troppe, pensano ancora che fare impresa arricchisca l'imprenditore, ma non c'è nulla di più falso. Ovviamente a un certo punto, se tutto va bene, forse i soldi li fai davvero, ma all'inizio è un'illusione che presto viene messa da parte. Non smetterò mai di ricordare la previsione economica che avevo fatto all'interno del business plan: se fosse stata lontanamente realistica oggi avrei meno motivi per cui lamentarmi, ma non lo era affatto. Anzi, i primi sei mesi di azienda li ho passati investendo i risparmi che avevo sul conto corrente finiti in capitale sociale e poi stipendi, i successivi sei invece li ho passati con 500 euro simbolici al mese. Ma era ciò che potevo permettermi: ho avuto la fortuna di poterlo fare e di avere un paracadute abbastanza ampio da consentirmi di sostenermi grazie ad altre entrate date da attività come speech o collaborazioni personali con aziende. Se domani potrò permettermi 4, 8 o 15mila euro di stipendio mensile, ciò non annullerà il fatto che in quanto imprenditore sarò sempre l'ultimo che mangia a tavola e l'ultimo che va a casa alla sera. Per quanto sia difficile da comprendere per chi non è dentro questo mondo e per quanto possa far incazzare chi si spacca la schiena lavorando per un imprenditore, magari stronzo, la realtà è questa. Nessuno può omettere il fatto che lo stesso imprenditore che può guadagnare migliaia di euro di stipendio da domani può essere il primo e unico a tagliarsi lo stipendio per garantirlo ai suoi collaboratori o dipendenti.

Io di certo non ho fondato un'azienda per fare soldi e diventare famoso,

altrimenti avrei speso il mio tempo in altro:

l'ho fatto perché volevo costruire qualcosa che mi facesse sentire realizzato come persona.

Questa è la mentalità giusta che si dovrebbe avere.

E per far crescere ciò che avevo visto nascere mi sono in parte annullato, mi sono messo in secondo piano e ho dovuto talvolta indossare una maschera che ancora in parte indosso quando mi sforzo di essere l'imprenditore che tutti vorrebbero: gentile, sempre disponibile e che compie le scelte giuste che però lo sono soltanto agli occhi degli altri, che ovviamente fanno i propri personali interessi. Me lo ha detto anche lo psicologo che mi concentro troppo sugli altri e troppo poco su me stesso, con la conseguenza che la mia personalità e persona appaiono diverse. All'inizio non me ne sono reso conto più di tanto perché mi ripetevo che tutto ciò che stavo facendo era giusto e soprattutto era per il bene dell'azienda ma poi, piano piano, tutto in me ha iniziato a sgretolarsi come ho raccontato nei capitoli di questo libro.

Perché? Perché mi sono trascurato come individuo per piacere agli altri, per aiutare gli altri, per sostenere gli altri ma non sempre gli altri, le stesse persone che lavoravano per me, mi hanno ricambiato. Come quella volta che ho investito tanto – soldi, tempo e disponibilità – su due persone del mio team facendo fare loro persino delle esperienze tra cui viaggi, eventi e un soggiorno al mare dopo appena tre mesi che erano arrivate in azienda e al quarto mese mi hanno lasciato a piedi perché pretendevano un compenso eccessivo, ingiustificato, e che non potevamo ancora permetterci.

Come detto all'inizio del libro quando parlavo della concezione che le persone in Italia hanno degli imprenditori, si pensa spesso che questi siano persone «meschine» pronte ad approfittarsi degli altri, quando in verità in molti casi sono quelle che si beccano le più grandi fregature. E posso affermarlo con certezza.

I primi tempi non avevo però compreso la verità delle verità: per essere di reale sostegno agli altri, bisognava che io fossi in equilibrio con me stesso. Ecco che, a poco a poco, ho fatto cadere la maschera e ho iniziato a occuparmi di più dei miei stati d'animo e delle mie emozioni.

Ho capito che in fondo per essere efficacemente altruista dovevo diventare maggiormente menefreghista. Sembra un controsenso e lo è a livello concettuale, però in realtà questi due concetti sono in un certo senso correlati e connessi. Ho preso in mano i miei malesseri e li ho messi su un tavolo, per la prima volta nella vita, e ho iniziato ad affrontare tutto ciò che avevo messo sotto al tappeto per la paura di affrontarlo. Un continuo gioco di bilanciamenti e sbilanciamenti mi tiene legato al dovere, ma oggi mi voglio bene. Voglio più bene al mio lavoro, alla mia azienda e sono convinto di essere diventato un imprenditore migliore, sento di esserlo.

Quando comunemente si dice «libero e felice» non si fa altro che ribadire un paradosso. La libertà e la felicità sono due stati mentali così tanto impalpabili che non sembrano veri, eppure provare a essere ugualmente liberi e felici è d'obbligo.

Volersi bene non è un atto egoistico, ma è l'impegno che dobbiamo prendere con noi stessi per diventare persone migliori e fare azioni veramente significative per gli altri e per il mondo. Vale anche nel mestiere dell'imprenditore.

Come sono riuscito a rimettermi al centro? Riuscendo finalmente a delegare di più attività che oggi sono felice di affidare a persone di fiducia, che posso dire di avere dopo aver investito su di loro tempo ed energie a lungo. Se nel passato il mio controllo, il micromanagement, imperava su ogni aspetto dell'azienda per l'amore e la passione che a essa mi legavano, oggi accetto a cuore più leggero di farmi aiutare e tengo a bada la maledetta sindrome dell'impostore che in fondo non mi abbandonerà per ancora qualche tempo.

Sto cercando di non autocondannarmi più se per qualche giorno stacco la testa dal lavoro e soprattutto dal cellulare, se ritardo nel rispondere alle e-mail o a chi mi vorrebbe performante in ogni istante. Ho iniziato soprattutto a fidarmi degli altri e delle mie sensazioni intime; prima sarei andato avanti senza mai fermarmi, ora riconosco di dovermi a volte fermare.

Sono consapevole che gli altri non faranno mai fino in fondo le cose come vorrei io che le facessero, ma accetto il compromesso. Non mi incaponisco più come un tempo e lascio correre quando posso.

Sto meglio? Be', gli aspetti concreti della mia vita non sono stati stravolti in maniera esagerata, ma io mi sento più consapevole. Come quando guardi nel burrone e sai che da ora in poi esiste il burrone. Mi sento più preparato ad affrontare dinamiche che prima mi avrebbero solo gettato addosso dell'ansia: guardare il burrone significa anche imparare a evitarlo.

Anche quest'anno come negli anni passati rifarò la stessa lista dei buoni propositi che molto probabilmente non rispetterò, ma non voglio abbandonare la speranza che le cose pian piano vadano al loro posto.

Riparto dalle cose semplici e mi fisso degli obiettivi realizzabili nel breve periodo. Andare a dormire prima, mangiare decentemente anche se sono da solo, non rimanere attaccato al pc fino a tardi, coltivare le relazioni.

Una volta, mentre registravo un podcast, mi hanno chiesto quale fosse la cosa che più odiavo fare nel mio lavoro e io risposi scherzando: «Relazionarmi con le persone». In parte non stavo scherzando: ho sempre affrontato gli altri indossando una maschera che non mi apparteneva, sentendo addosso forti aspettative dettate da fattori esterni. Mi tenevo a freno, mi rimangiavo le parole, abbassavo lo sguardo per accettare situazioni di comfort. Proprio io che sono sempre stato un bambino e poi un ragazzo irruento e impulsivo, ho dovuto mitigare con grande fatica il mio carattere. Ancora oggi è molto difficile che io dica le cose in modo diretto perché ormai ho interiorizzato una censura, una maschera che tiro fuori un po' per protezione, un po' per esigenza. Ma ora ci sono riuscito ed è tutto scritto qui, su carta, su questo manuale che non è un manuale e neanche una guida, ma solo un libro che vuole parlare di emozioni, management e impresa. Perché l'ho scritto? Ci pensavo qualche giorno fa, mentre passeggiavo da solo sul lungomare di Civitanova Marche, al tramonto, poco prima di pensare che finalmente fosse ultimato.

Sentivo che mancava troppa consapevolezza attorno al mestiere dell'imprenditore. Forse prima di arrivare a questo punto qualcuno si era fatto altre aspettative, si aspettava di trovarci dentro chissà quali pozioni magiche per far funzionare un'azienda e invece no. Ho provato con grande tenerezza a guardarmi dentro e a tirare fuori verità e aneddoti che altrimenti non avrei mai raccontato. Mi sono mostrato per quello che sono: una persona normale, non privilegiata, non ricca, che non ha ereditato niente e che ha costruito un'azienda che prova quotidianamente a far funzionare. Niente meno che una persona che prova a fare l'imprenditore ogni giorno. Se la mia esperienza potrà mai aiutare chi come me è a metà del guado o chi vuole tentare di entrare nella mischia, allora avrò raggiunto il mio obiettivo.

07

Le 9 regole per fare impresa senza andare fuori di testa

Fare impresa può essere deleterio, ma con i giusti consigli è possibile senza sacrificare troppo

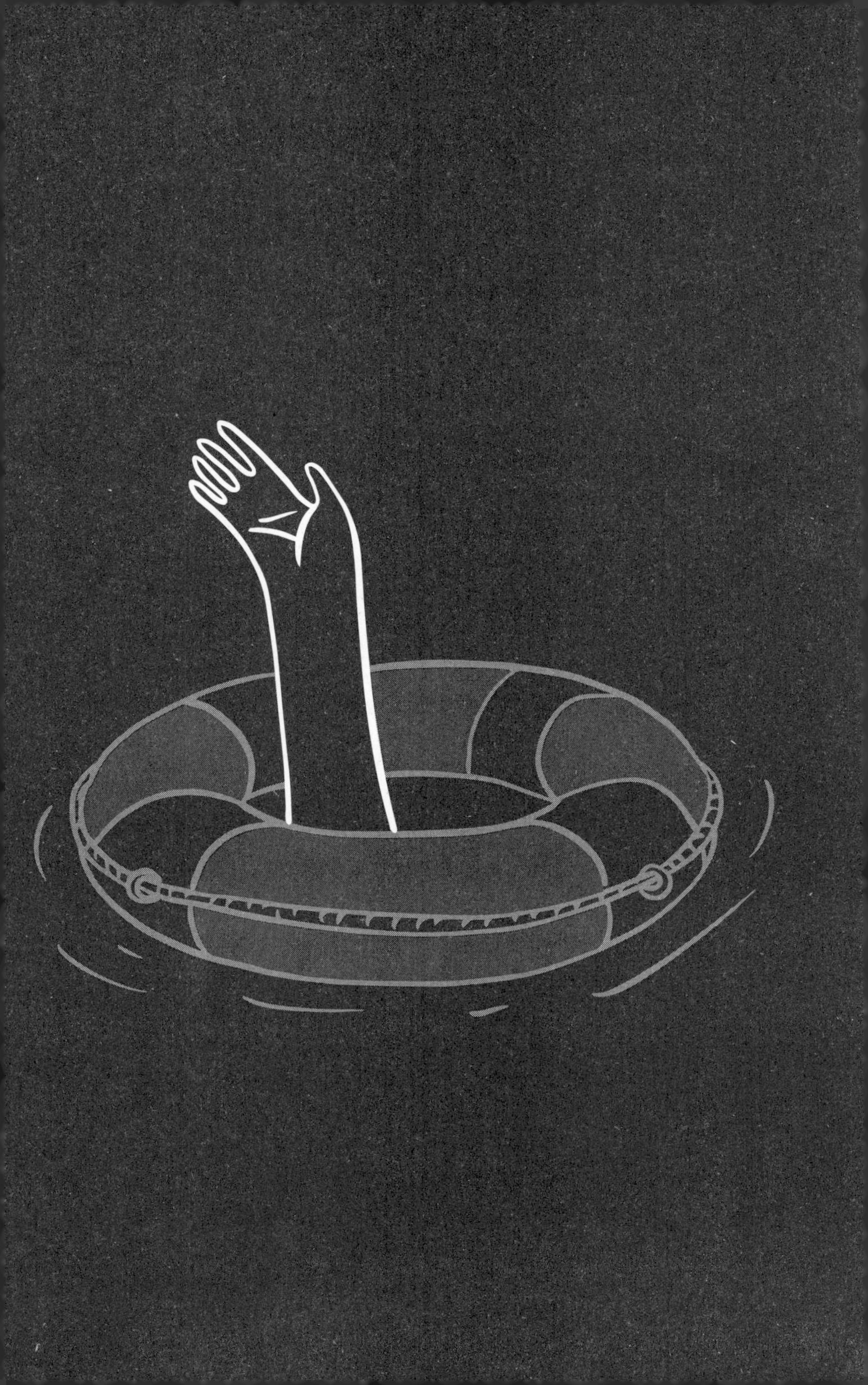

*

Questo libro giunge a una conclusione: fare impresa è una delle avventure più emozionanti, complesse e allo stesso tempo arricchenti che si possano intraprendere. È un viaggio che porta con sé un senso di realizzazione e di crescita personale che difficilmente può essere eguagliato da altre esperienze.

Ma, come ogni grande impresa, anche questa ha un prezzo. E quel prezzo, spesso, è pagato con le monete più preziose che possediamo: il benessere mentale e il tempo.

L'imprenditoria è un territorio affascinante ma insidioso, dove la linea tra successo e burnout è spesso così sottile da essere impercettibile.

Ogni giorno, gli imprenditori affrontano pressioni incredibili: scadenze, decisioni difficili, rischi finanziari e il peso della responsabilità non solo verso sé stessi, ma anche verso gli altri; a ciò si aggiungono le aspettative, che spingono costantemente a fare di più, a migliorarsi, a raggiungere traguardi sempre più ambiziosi.

Il rischio è che in questo turbinio di attività l'imprenditore finisca per perdere di vista ciò che è veramente importante.

La società glorifica l'immagine del lavoratore instan-

cabile, colui che sacrifica tutto per il successo, ma non è necessario pagare un prezzo così alto.

E credo fermamente che si possa evitare di andare fuori di testa per avere successo, qualunque cosa questo successo voglia dire.

Esistono delle «regole», delle linee guida, che possono aiutare chiunque a mantenere l'equilibrio mentre percorre il cammino impervio dell'imprenditoria. Queste regole non garantiscono che sarà più facile, ma possono sicuramente rendere il viaggio meno gravoso, aiutando a conservare la sanità mentale mentre si percorre la strada tortuosa che abbiamo letto e assaporato nelle pagine precedenti del libro.

Queste regole, che ora voglio raccontarti, nascono dalla personale esperienza, dall'osservazione e dall'ascolto delle storie e dei consigli di altri imprenditori che, come me, hanno affrontato o affrontano ancora adesso il rischio di perdere sé stessi nella corsa al successo. Perché diciamo una verità: chiunque faccia impresa lo fa con il desiderio di portarla al successo, altrimenti non avrebbe senso.

Non è una partita a biliardino in cui giochi per divertimento. Qui giochi per vincere, e basta.

Le regole che ti voglio raccontare ora hanno il fine di invitarti a riflettere su come gestire meglio il tuo tempo, su come costruire un team che ti supporti davvero, su come mantenere la tua autenticità in un mondo che spesso richiede compromessi. Ma soprattutto, ti ricorderanno che non sei solo in questo viaggio e che esistono strategie concrete per affrontare le sfide dell'imprenditoria senza sacrificare ogni aspetto della tua vita.

In un mondo che corre a velocità vertiginosa, dove il tempo sembra sempre sfuggirci di mano e le aspettative sono costantemente alte, trovare un equilibrio tra il fare impresa e il vivere serenamente sembra quasi un'utopia. Ma è proprio in questa sfida che risiede il vero successo. Non basta costruire un'azienda che funzioni; bisogna anche costruire una vita che valga la pena di essere vissuta.

Questo capitolo è dedicato a nove regole frutto di esperienze vissute, di battaglie vinte e perse, di riflessioni profonde su cosa significhi davvero fare impresa e sul motivo per cui lo faccio, nonostante tutto.

01

TEMPO ED ENERGIE SONO LIMITATI: SCEGLI ATTENTAMENTE A CHI DEDICARLI

Ogni imprenditore conosce bene la sensazione di avere troppe cose da fare e troppo poco tempo per farle tutte. È una delle sfide più grandi e frustranti del fare impresa. Tuttavia, non tutte le cose meritano la tua attenzione. Una delle chiavi per mantenere la sanità mentale e prosperare nel lungo termine è saper scegliere con saggezza dove indirizzare le tue energie. Il tempo è la tua risorsa più preziosa, e una delle abilità più importanti che un imprenditore può sviluppare è la capacità di dire «no». Dire no non significa essere negativi o non voler aiutare gli altri; significa proteggere il tuo tempo e la tua energia per poterli dedicare a ciò che conta davvero. Spesso, la trappola più grande è cercare di accontentare tutti, ma la verità è che non puoi piacere a tutti e non puoi essere ovunque. Ogni volta che dici sì a un impegno, stai dicendo no a un altro. Questa consapevolezza deve guidare le tue scelte quotidiane. Ricorda: non è tanto quello che fai, ma dove metti il tuo impegno che determinerà il successo del tuo business e la tua serenità.

Dire sì a tutto
significa spesso
dire no a te stesso.

02

SCEGLI SU CHI INVESTIRE PER NON ESSERE PIÙ INDISPENSABILE

Un'altra trappola comune in cui gli imprenditori cadono è pensare di dover fare tutto da soli. La verità è che, per quanto tu possa essere capace e motivato, c'è un limite a quanto puoi fare con le tue sole forze. La chiave per crescere senza esaurirsi è imparare a delegare. E questo non significa semplicemente dare a qualcun altro una parte del lavoro; significa dedicare tempo e risorse a sviluppare le sue competenze, a far sì che condivida la tua visione e che possa agire al posto tuo quando necessario. Questo non solo ti alleggerisce il carico di lavoro, ma ti dà anche la sicurezza che l'azienda può funzionare senza che tu debba essere presente in ogni momento. È un investimento che ripaga nel lungo termine. Avere una persona di fiducia a cui delegare non è solo una questione pratica, ma anche emotiva. Sapere che non sei solo, che c'è qualcun altro che può prendere in mano la situazione, riduce enormemente lo stress e ti permette di lavorare con più serenità e concentrazione.

Delegare non è
cedere il controllo.
È moltiplicare
le tue forze.

03

METTI DEI PALETTI TRA TE E LA TUA AZIENDA, O FINIRÀ PER TOTALIZZARTI

L'imprenditoria è un lavoro senza orari. Questa affermazione è tanto vera quanto pericolosa. Senza un orario definito, il lavoro può facilmente invadere ogni aspetto della tua vita, fino a saturarla completamente. La capacità di tracciare una linea tra lavoro e vita privata è fondamentale per mantenere l'equilibrio mentale e fisico.

Stabilisci degli orari di lavoro e rispettali come faresti con qualsiasi altro impegno. Quando la giornata lavorativa è finita, è finita davvero. Non cedere alla tentazione di controllare e-mail, rispondere a telefonate o pianificare la giornata successiva.

Impara a staccare. Imponiti delle pause durante la giornata, dei giorni liberi durante la settimana e delle vere vacanze durante l'anno. Il tuo cervello ha bisogno di riposo tanto quanto il tuo corpo. Riconosci i segnali di stanchezza e burnout e rispettali, perché ignorarli ti porterà solo a una spirale discendente di esaurimento e scarsa produttività.

Il confine tra lavoro
e vita privata
è il primo passo
verso la tua libertà.

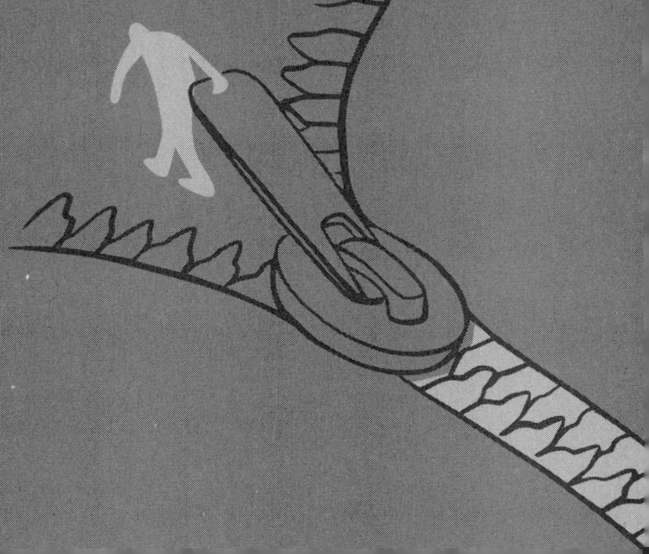

04

NON OSTINARTI A FARE TUTTO DA SOLO: TROVA QUALCUNO CHE TI ASCOLTI

L'imprenditoria può essere un viaggio molto solitario. Anche se sei circondato da dipendenti e colleghi, le responsabilità e le decisioni finali spesso ricadono tutte su di te. È per questo che avere qualcuno con cui confrontarsi, qualcuno che possa offrirti una prospettiva esterna, è cruciale. Un mentore o un coach può diventare la tua bussola in momenti di confusione, la tua voce di saggezza quando tutto sembra andare storto. Il valore di un mentore risiede nella sua esperienza. Un buon mentore ha già percorso il cammino che tu stai intraprendendo e può aiutarti a evitare gli errori che lui stesso ha commesso. Al di là di questo, trova qualcuno che sia per te un supporto emotivo, qualcuno che possa ascoltare le tue preoccupazioni. Parlare con qualcuno che capisce ciò che stai passando può fare una differenza enorme, può aiutarti a chiarire le idee, a trovare nuove soluzioni e a sentirti meno isolato nelle sfide che affronti quotidianamente. Può salvarti. Cercare aiuto è un segno di forza, non di debolezza.

Cercare aiuto
è un segno di forza,
non di debolezza.

05

PERSEVERA: È UNA LUNGA MARATONA DI CUI VEDRAI I RISULTATI NEL TEMPO

I risultati non arrivano subito. Questo è uno dei motivi principali per cui tanti imprenditori abbandonano nei primi anni e buona parte delle aziende appena costituite fallisce. La chiave per sopravvivere e prosperare in questo percorso è la perseveranza. Devi accettare che ci saranno momenti difficili, momenti in cui i risultati sembrano non arrivare e la tentazione di mollare è forte. È proprio in quei momenti che devi resistere. Richiede tempo, pazienza e una visione a lungo termine. Non lasciarti scoraggiare dai piccoli fallimenti o dalle battute d'arresto temporanee. Ogni passo avanti, anche se piccolo, ti avvicina al tuo obiettivo. Continua a lavorare, a migliorare e a credere nel processo. Perseverare non significa continuare a fare la stessa cosa all'infinito; significa adattarsi, imparare dai propri errori e andare avanti nonostante tutto. Mantieni il focus sui tuoi obiettivi a lungo termine e non perdere mai di vista il perché hai iniziato.

Il tuo successo
sarà la somma
di piccoli sforzi ripetuti
giorno dopo giorno.

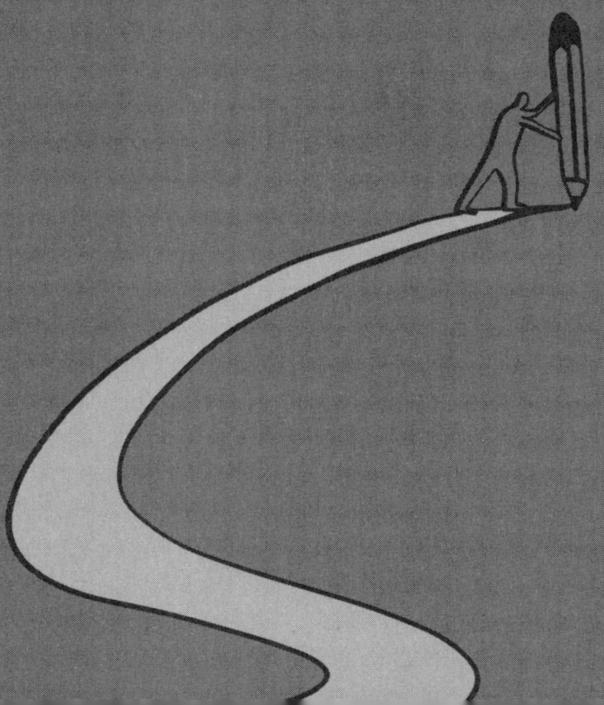

06

PENSA POSITIVO, MA LAVORA SEMPRE PER PREPARARTI AL PEGGIO

Il pensiero positivo è un potente strumento di motivazione. Ti dà l'energia per affrontare le sfide e la convinzione che tutto andrà per il meglio. Tuttavia, essere ottimisti non significa ignorare i rischi. Un buon imprenditore è sempre pronto per l'inaspettato. Anche se speri per il meglio, devi sempre prepararti per il peggio.

Pianificare scenari negativi non è pessimismo, ma realismo. Ti permette di avere un piano d'azione pronto nel caso le cose non vadano come previsto. Questo non solo ti aiuta a rispondere rapidamente alle crisi, ma ti dà anche una certa serenità mentale. Sapere che hai pensato a cosa fare in caso di emergenza ti permette di concentrarti sul presente senza paura. Questo tipo di preparazione ti rende anche più agile. Se sei già consapevole dei possibili ostacoli, sarai più pronto a superarli e a trovare soluzioni innovative. Non si tratta di vivere con il timore che tutto possa andare storto, ma di essere abbastanza preparati da non farsi sorprendere.

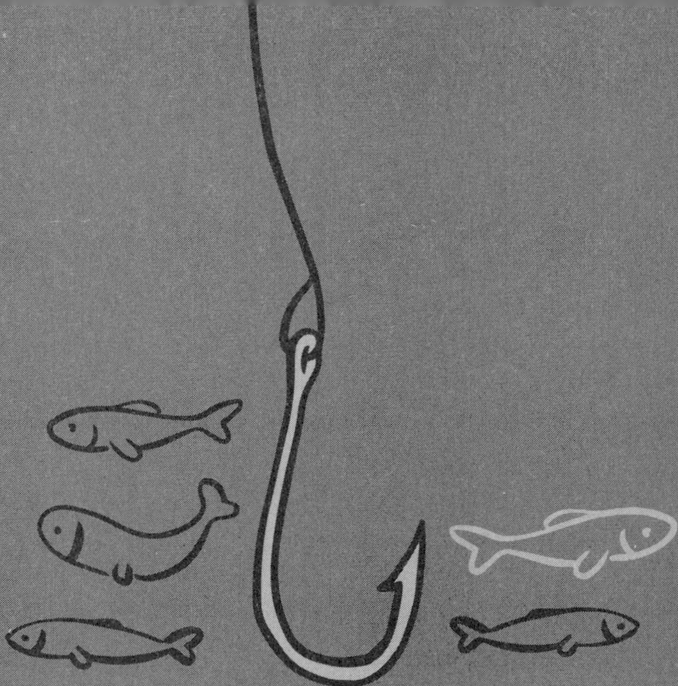

Il vero ottimismo
è sapere come reagire
quando le cose vanno male.

07

VALORIZZA LE PERSONE E TE NE SARANNO RICONOSCENTI

Le persone sono il cuore pulsante di qualsiasi impresa. Senza il giusto team, anche l'idea più brillante rischia di fallire. Per questo motivo, valorizzare chi lavora con te non è solo una questione di buone maniere, ma una strategia di business essenziale. Quando le persone si sentono apprezzate, lavorano meglio, con più dedizione e creatività. Investire nelle persone significa riconoscerne i meriti, offrire loro opportunità di crescita e creare un ambiente di lavoro positivo. Un dipendente felice è un dipendente produttivo. Ma non è solo una questione di produttività: è anche una questione di cultura aziendale. Un'azienda che valorizza le persone attrae i migliori talenti e costruisce un team che crede nella missione dell'impresa. Inoltre, la valorizzazione non deve essere solo finanziaria. Spesso, ciò che conta di più è il riconoscimento, il sentirsi parte di qualcosa di importante. Prenditi il tempo per conoscere le persone con cui lavori, ascolta le loro idee e rendile partecipi dei successi dell'azienda. Non solo migliorerà il morale, ma rafforzerà anche il senso di appartenenza e la lealtà verso l'azienda e verso di te.

Se le persone si sentiranno valorizzate, saranno loro a far crescere la tua azienda.

08

CORREGGITI E MIGLIORATI, MA NON SNATURARTI: SII LA PERSONA CHE SEI

Fare impresa è un viaggio di crescita personale tanto quanto un percorso professionale. Ogni errore è un'opportunità di apprendimento, e ogni critica può essere uno stimolo per migliorare. Tuttavia, nel tentativo di adattarsi e crescere, è importante non perdere di vista chi sei veramente. Il successo non dovrebbe mai venire al costo della tua autenticità. Correggersi e migliorarsi sono aspetti fondamentali del progresso, ma devono essere fatti in un modo che rispetti i tuoi valori e la tua personalità. Non cercare di imitare altri imprenditori o di seguire modelli che non ti appartengono, non essere come ti vorrebbero se questo rischia di farti perdere di vista i tuoi obiettivi. La tua unicità è la tua forza più grande. In un mondo pieno di copie, l'originalità è ciò che distingue. Non rinunciare a te stesso, piuttosto trova il modo di migliorarti restando fedele a chi sei. Questo non solo ti renderà un imprenditore migliore, ma ti permetterà anche di costruire un business che riflette veramente i tuoi valori.

Migliora restando fedele
a chi sei, l’autenticità
è il tuo punto di forza.

09

NON PENSARE TROPPO A COSA E A COME: AGISCI E FAI LE SCELTE CHE RITIENI GIUSTE

La trasparenza è uno degli aspetti più importanti nella gestione di un'impresa. Troppo spesso gli imprenditori cadono nella trappola di voler dire alle persone ciò che vogliono sentire invece di ciò che dovrebbero sentire, soprattutto oggi. Questo approccio, seppur temporaneamente comodo, può portare a incomprensioni, malcontenti e, in ultima analisi, a gravi problemi di fiducia. Dire le cose come stanno non significa essere brutali, ma essere chiari, onesti e diretti. Che si tratti di feedback ai dipendenti, di comunicazioni con i clienti o di confronti con i partner, la chiarezza paga sempre. Non perdere tempo a cercare le parole giuste per addolcire la pillola: la verità, seppur dura, è sempre preferibile a una menzogna rassicurante. L'onestà costruisce fiducia e vale anche per te stesso: sii onesto con gli altri e con te stesso riguardo alle tue capacità, ai tuoi limiti e alle sfide che stai affrontando. Accettare la realtà è il primo passo per migliorare e progredire.

Sii onesto con te stesso
e con gli altri.
Se vuoi accontentare tutti
non fare l'imprenditore.

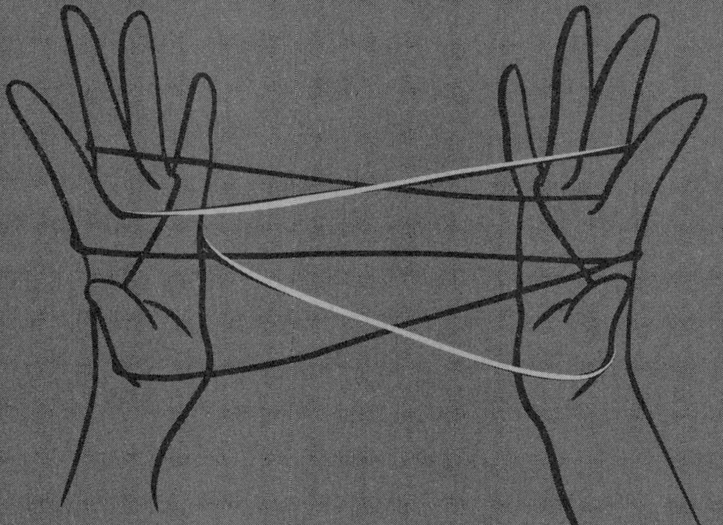

Questo libro è fabbricato da Grafica Veneta S.p.A.
con un processo di stampa e rilegatura certificato 100% carbon neutral
in accordo con PAS 2060 BSI

Finito di stampare nel mese di gennaio 2025
per conto di RCS MediaGroup S.p.A.
da Grafica Veneta S.p.A., Trebaseleghe (PD)
Printed in Italy